Einstern

Mathematik für Grundschulkinder

3

Arbeitsheft

Erarbeitet von Roland Bauer und Jutta Maurach

In Zusammenarbeit mit der
Cornelsen Redaktion Grundschule

Cornelsen

Inhaltsverzeichnis

Zahlen bilden und notieren

1 Bestimme für jedes Bild die Anzahl der Hunderter, Zehner und Einer.
Schreibe in eine Stellentafel und als Zahl.

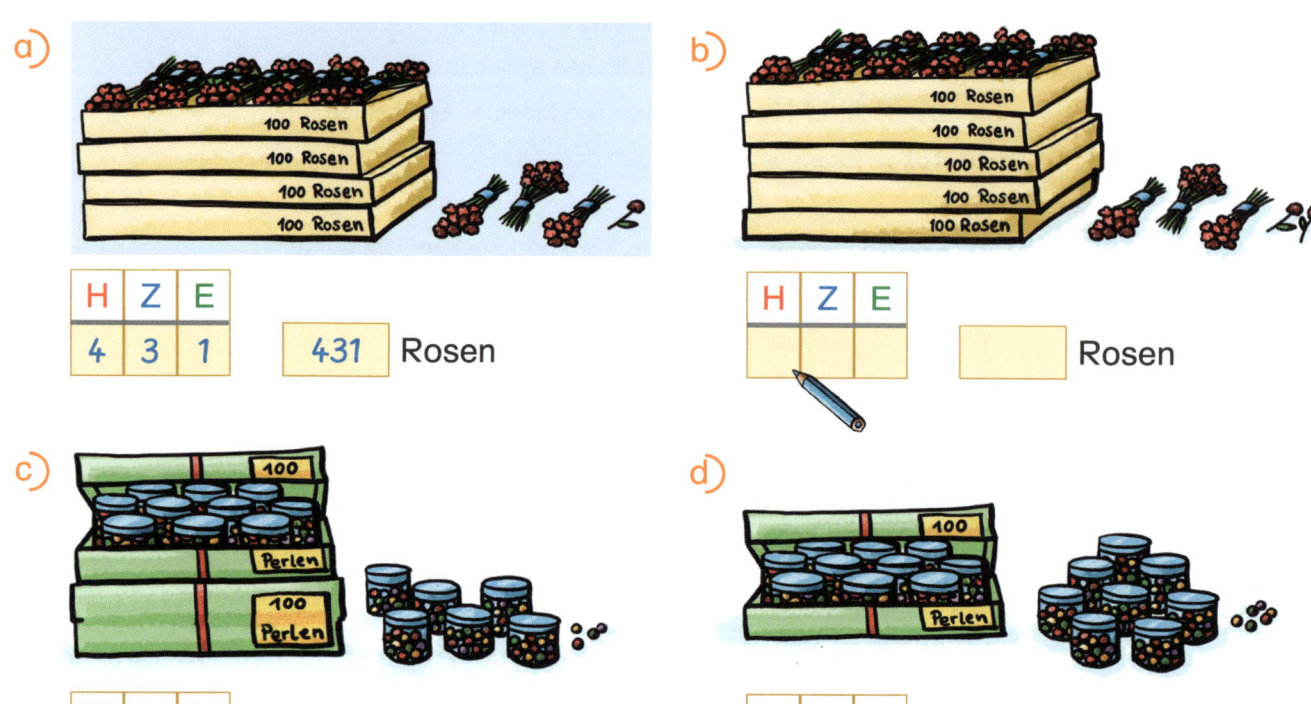

a)

H	Z	E
4	3	1

431 Rosen

b)

H	Z	E

___ Rosen

c)

H	Z	E

___ Perlen

d)

H	Z	E

___ Perlen

2 Bestimme für jedes Bild die Anzahl der Hunderter, Zehner und Einer.
Schreibe in eine Stellentafel.

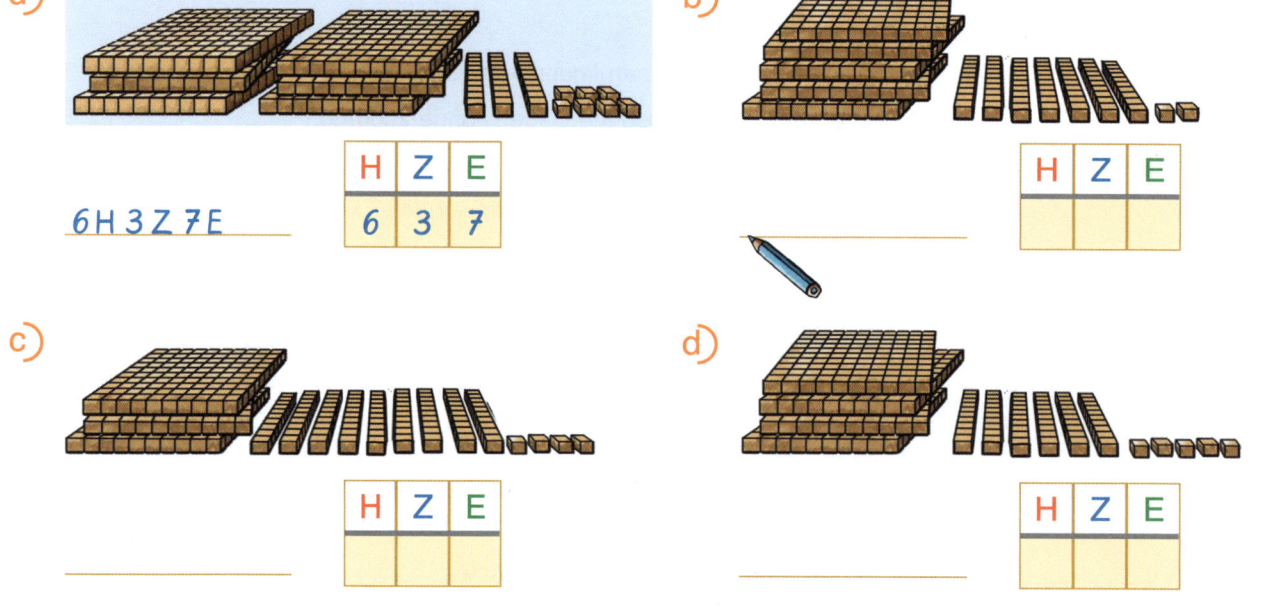

a)

6 H 3 Z 7 E

H	Z	E
6	3	7

b)

H	Z	E

c)

H	Z	E

d)

H	Z	E

Verschiedene Zahldarstellungen nutzen

1 Schreibe zu jedem Bild passend auf.

a)

H	Z	E
3	5	4

3H 5Z 4E

300 + 50 + 4   =   354

b)

H	Z	E

_____

_____

c)

H	Z	E

_____

_____

d)

H	Z	E

_____

_____

2 Zeichne die passenden Bilder.

a)

H	Z	E
2	4	9

_____

b) 6H 1Z 4E

_____

c) 400 + 60 + 8

_____

d) 705

_____

e) 5H 7Z

_____

f)

H	Z	E
3	0	6

_____

3 Immer zwei Kärtchen gehören zusammen. Verbinde.

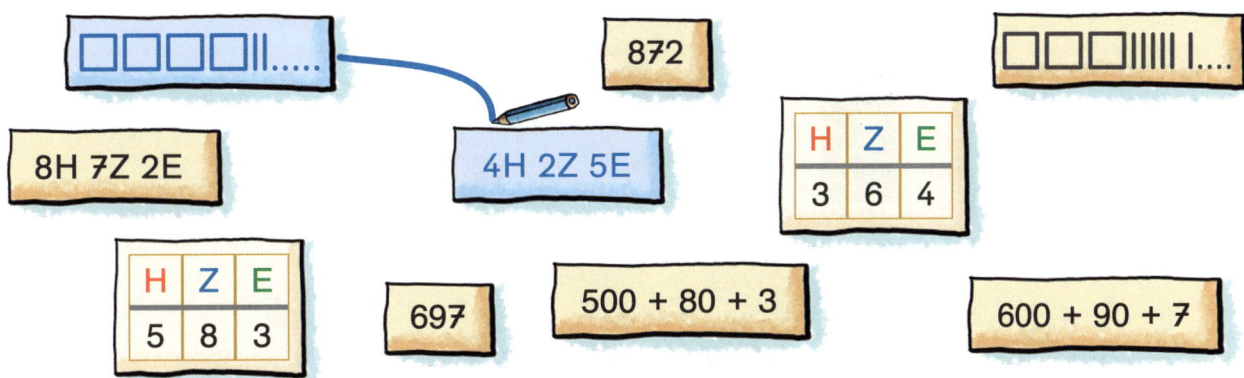

872

8H 7Z 2E

4H 2Z 5E

H	Z	E
3	6	4

H	Z	E
5	8	3

697

500 + 80 + 3

600 + 90 + 7

Zahlen in die Tausendertafel eintragen und erkennen

 1

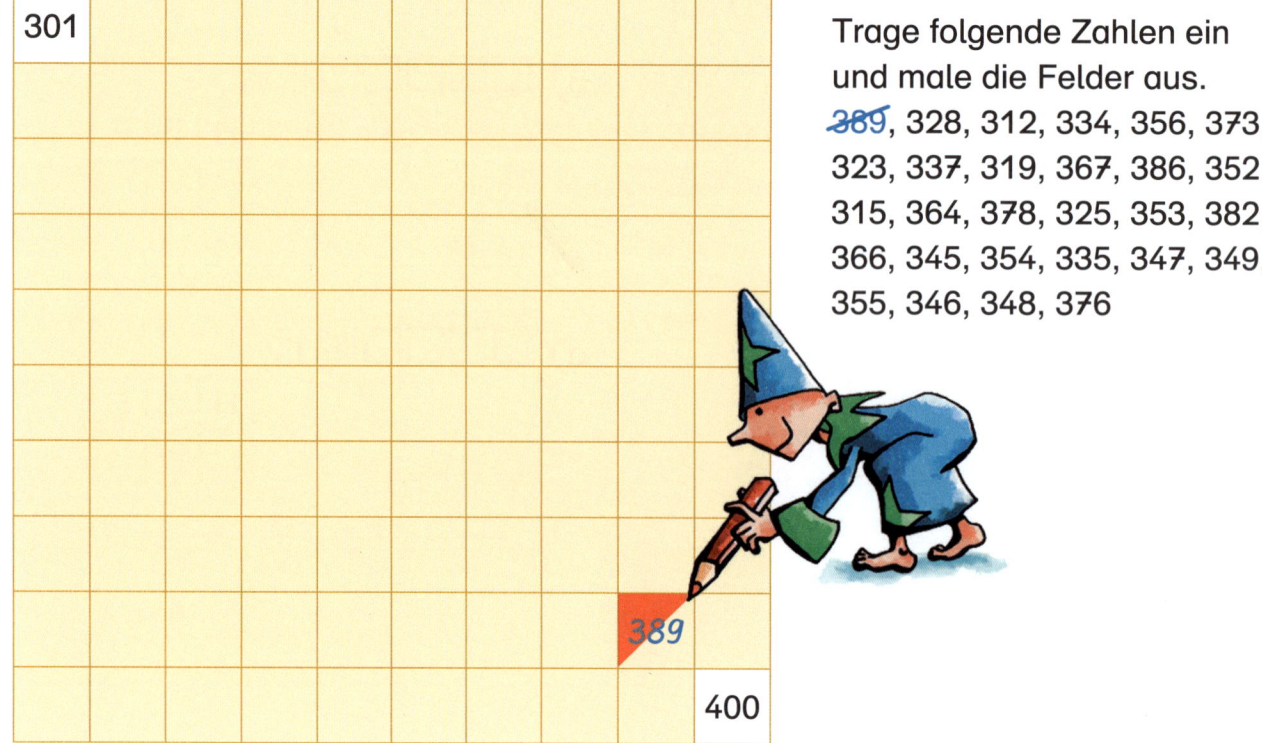

301

389

400

Trage folgende Zahlen ein und male die Felder aus.
~~389~~, 328, 312, 334, 356, 3~~7~~3,
323, 33~~7~~, 319, 36~~7~~, 386, 352,
315, 364, 3~~7~~8, 325, 353, 382,
366, 345, 354, 335, 34~~7~~, 349,
355, 346, 348, 3~~7~~6

 2

801

900

Schreibe die Zahlen auf, die in den grün gefärbten Feldern stehen.

805,

 3 Gestalte selbst eine Rätsel-Bild-Aufgabe für andere Kinder.

Tausendertafel ergänzen und Paare finden

1 Arbeite mit der Tausendertafel.

a) Trage in beiden Hundertertafeln die fehlenden Zahlen ein.

b) Kreise die Zahlen ein, die in beiden Tafeln an der gleichen Stelle fehlten.

c) Schreibe mindestens 10 solcher Zahlenpaare auf.
Es gibt 25 solcher Paare.

101	102	103	104	**105**	106	107		109	110
111		113	114	115		117	**(118)**	119	
121	122			125	126		128		130
		133	134			137			140
141			145	146			149		
151	152	153	154					159	160
161			164			167			170
		173			176			179	
181		183		185		187		189	
	192		194		196		198		200

501	502	503	504	505				508	509	510
511	512				515	516	517	**(518)**		520
		523	524					528	529	
531	532	533			536				539	540
541			544						549	
	552				556	557				560
		563		565				568		
571	572			575				578		
		583			586				589	
591			594					598		600

118, 518 _____ _____ _____

_____ _____ _____

2 Trage die fehlenden Zahlen ein.

a)

b)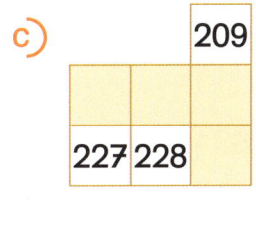

c)

d)

e)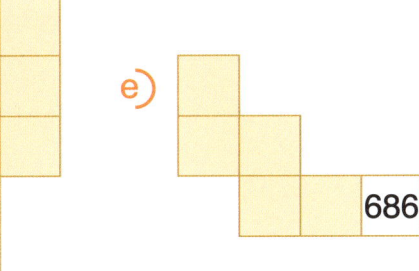

f)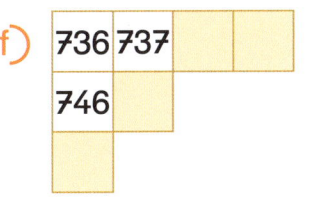

g)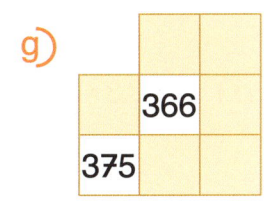

Zahlen am Zahlenstrahl eintragen

1 Trage die Zahlen ein.

a)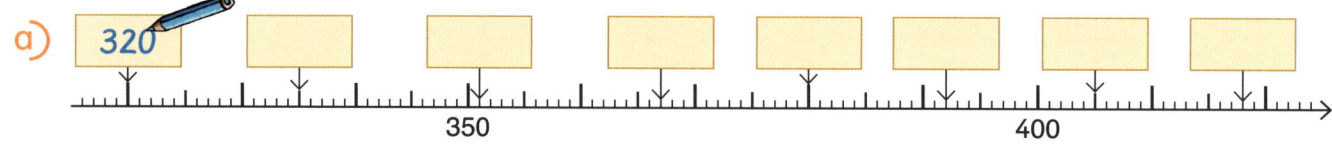

b)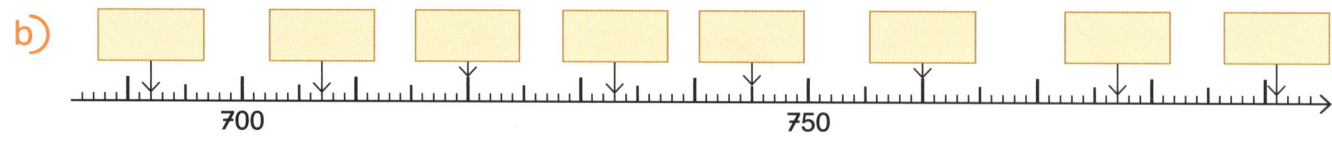

c)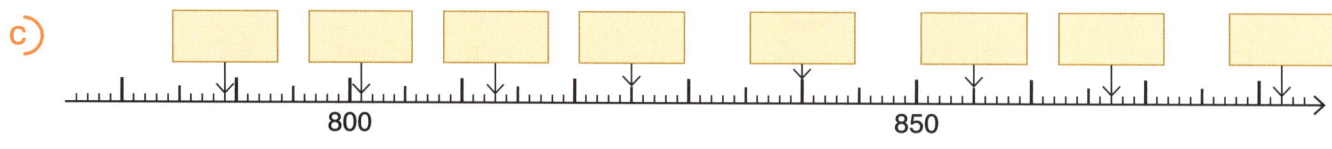

d)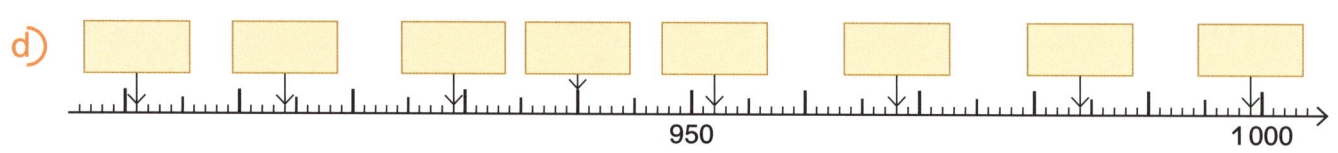

2 Markiere in den Ausschnitten aus dem Zahlenstrahl bis 1 000 die folgenden Zahlen mit einem Pfeil.

a) ~~180~~, 240, 223, 171, 208

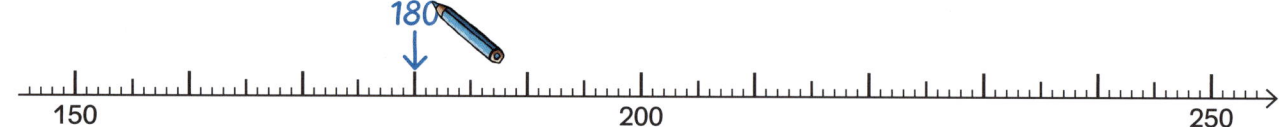

b) 420, 433, 467, 449, 381

c) 780, 799, 735, 759, 831

d) 923, 877, 906, 841, 899

Die Zahlen bis 1 000

Vorgänger, Nachfolger, Nachbarzehner, Nachbarhunderter bestimmen

1 Trage jeweils Vorgänger und Nachfolger ein.

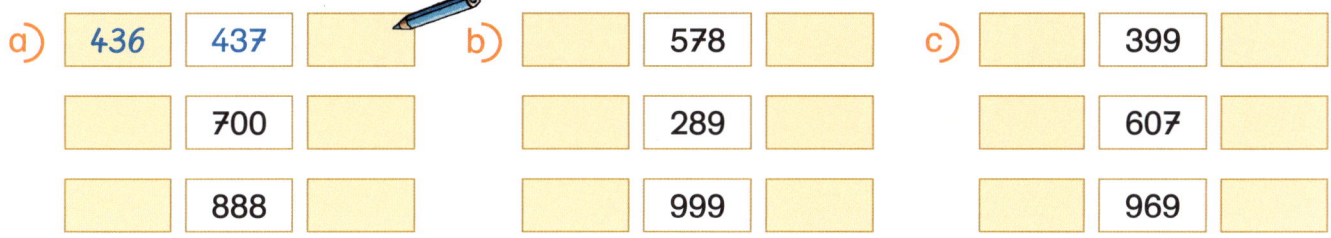

a) 436 | 437 | [ ] b) [ ] | 578 | [ ] c) [ ] | 399 | [ ]

[ ] | 700 | [ ]   [ ] | 289 | [ ]   [ ] | 607 | [ ]

[ ] | 888 | [ ]   [ ] | 999 | [ ]   [ ] | 969 | [ ]

2 Trage die fehlenden Nachbarzahlen ein.

a) 288 | [ ] | [ ] b) [ ] | [ ] | 781 c) [ ] | [ ] | 401

[ ] | [ ] | 692   379 | [ ] | [ ]   [ ] | [ ] | 871

[ ] | [ ] | 1 000   [ ] | [ ] | 562   699 | [ ] | [ ]

3 Ergänze die Tabelle.
NZ heißt Nachbarzehner.

NZ	Zahl	NZ
410	416	
	607	
		800
	503	
990		

4 Ergänze die Tabelle.
NH heißt Nachbarhunderter.

NH	Zahl	NH
300	368	
		600
	750	
	487	
900		

5 Schreibe Zahlen auf, die …

a) … 360 und 370 als Nachbarzehner haben.

b) … 800 und 900 als Nachbarhunderter haben.

6 Schreibe deine dreistellige Lieblingszahl auf: [ ]

a) Bestimme die Nachbarzehner.   b) Bestimme die Nachbarhunderter.

[ ] [ ] [ ]   [ ] [ ] [ ]

Zahlenfolgen erkennen und Zahlen der Größe nach verbinden

1 Erkenne die Zahlenfolgen und verbinde die Zahlen der Größe nach.

von 356 bis 476   von 916 bis 1 001

von 634 bis 592   von 227 bis   117

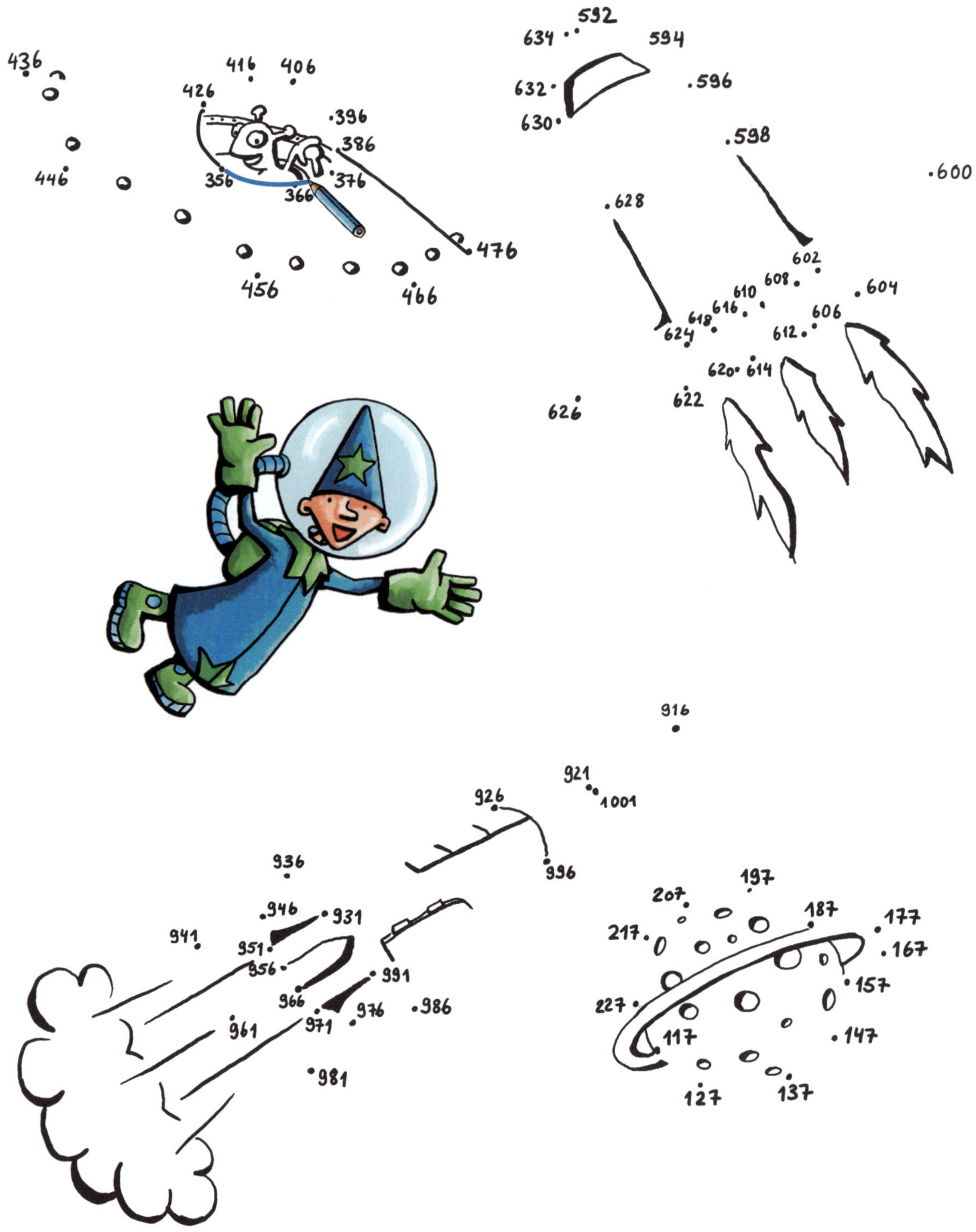

Zahlenfolgen fortsetzen

1 Ergänze die Zahlenfolgen.

a) | 418 | 420 | 422 | 424 | 426 | | | | | |
|---|---|---|---|---|---|---|---|---|---|

b) | 874 | 869 | 864 | | | | | | | |
|---|---|---|---|---|---|---|---|---|---|

c) | | | | | | | | 611 | 613 | 615 |
|---|---|---|---|---|---|---|---|---|---|

d) | | | | | | | | 361 | 366 | 371 |
|---|---|---|---|---|---|---|---|---|---|

2 Überlege, wie die Zahlenfolgen gebildet werden, und setze sie fort.

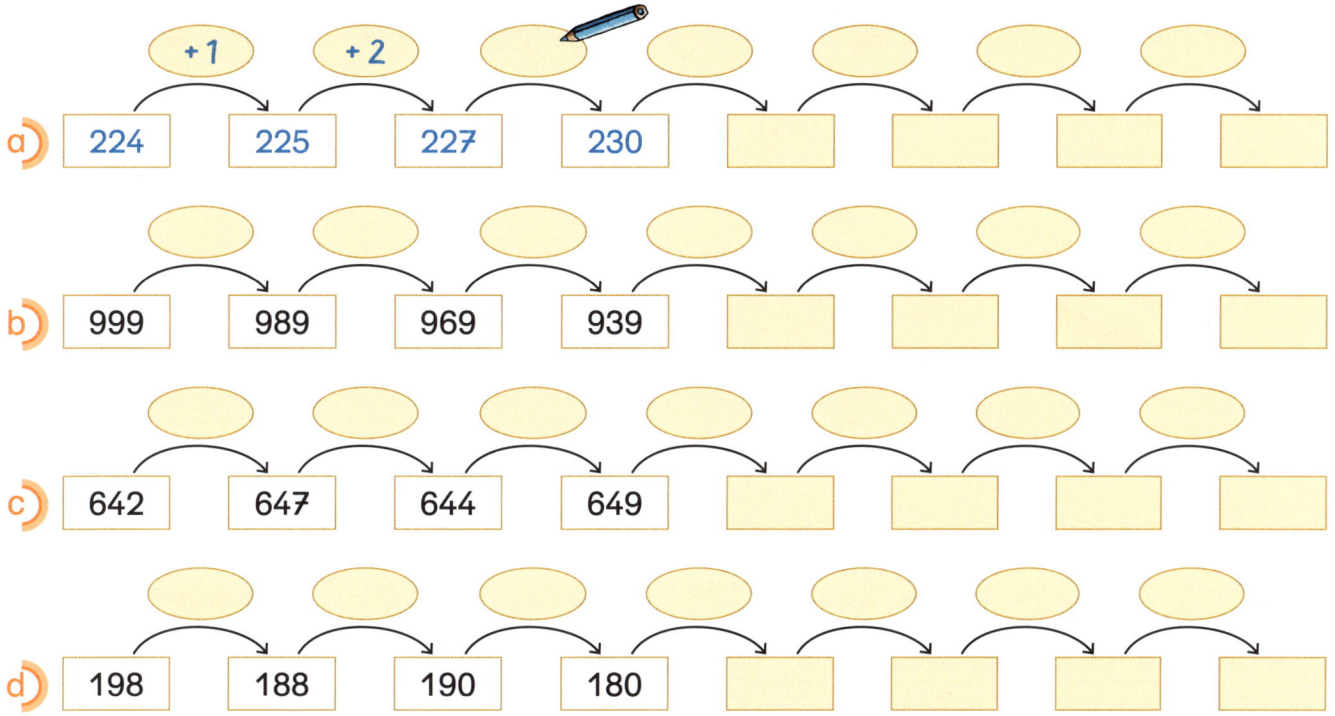

a) +1 +2 ... 224 225 227 230

b) 999 989 969 939

c) 642 647 644 649

d) 198 188 190 180

3 Finde die Fehler in den Zahlenfolgen und korrigiere sie.

a) | 733 | 730 | 727 | 724 | 721 | ~~717~~ 718 | ~~714~~ | 711 | 708 | 705 |
|---|---|---|---|---|---|---|---|---|---|

b) | 473 | 483 | 493 | 513 | 523 | 533 | 543 | 553 | 563 | 573 |
|---|---|---|---|---|---|---|---|---|---|

c) | 222 | 224 | 220 | 222 | 218 | 216 | 212 | 214 | 210 | 212 |
|---|---|---|---|---|---|---|---|---|---|

d) | 844 | 834 | 839 | 829 | 834 | 824 | 819 | 809 | 814 | 804 |
|---|---|---|---|---|---|---|---|---|---|

Zahlen vergleichen und ordnen

1 Setze das passende Zeichen ein: <, =, >.

a) 658 < 713

319 ◯ 299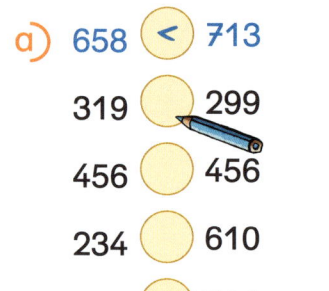

456 ◯ 456

234 ◯ 610

187 ◯ 781

b) 516 ◯ 614

791 ◯ 692

555 ◯ 444

809 ◯ 809

123 ◯ 132

c) 410 ◯ 287

149 ◯ 406

396 ◯ 621

742 ◯ 723

987 ◯ 969

d) 300 ◯ 299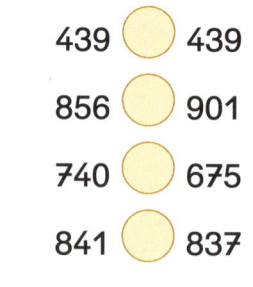

439 ◯ 439

856 ◯ 901

740 ◯ 675

841 ◯ 837

2 Male immer die kleinste Zahl rot an.

a)  (164) (167)

(519) (516)

b) (786) (782)

(497) (491)

c) (358) (355)

(886) (882)

d) (695) (690)

(276) (279)

3 Male immer die größte Zahl gelb an.

a) (776) (779)

(354) (358)

b) (544) (548)

(675) (670)

c) (634) (674)

(253) (283)

d) (463) (493)

(995) (955)

4 Ordne die Zahlen der Größe nach. Die Buchstaben ergeben ein Lösungswort.

Beginne mit der kleinsten Zahl.

a)
406	327	219	501	328
H	U	B	E	C

219				
B				

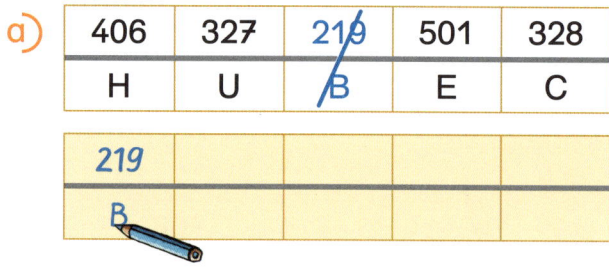

b)
240	198	793	791	204
N	T	E	N	A

Beginne mit der größten Zahl.

c)
641	376	553	464	730
H	N	O	R	A

730				
A				

d)
874	599	612	904	871
I	E	H	E	C

Achsensymmetrische Figuren entdecken und Korrekturen einzeichnen

1 Ergänze die Zeichnung oder streiche Dinge durch,
so dass das Bild achsensymmetrisch wird.

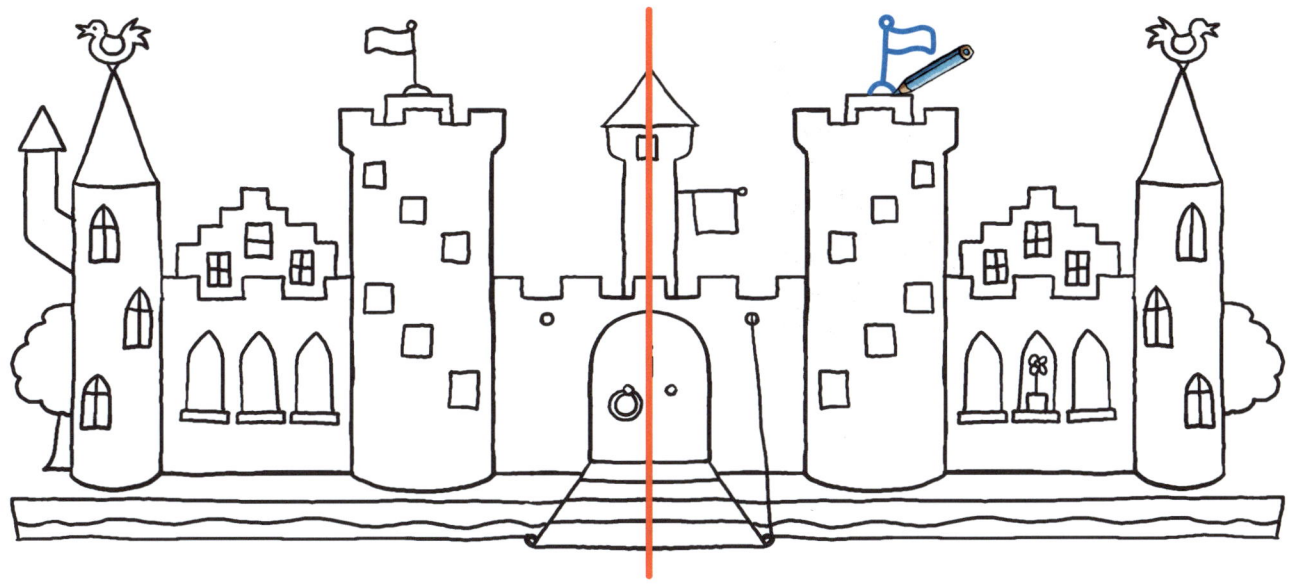

2 Male jeweils zueinander achsensymmetrische Fische mit der gleichen Farbe aus.

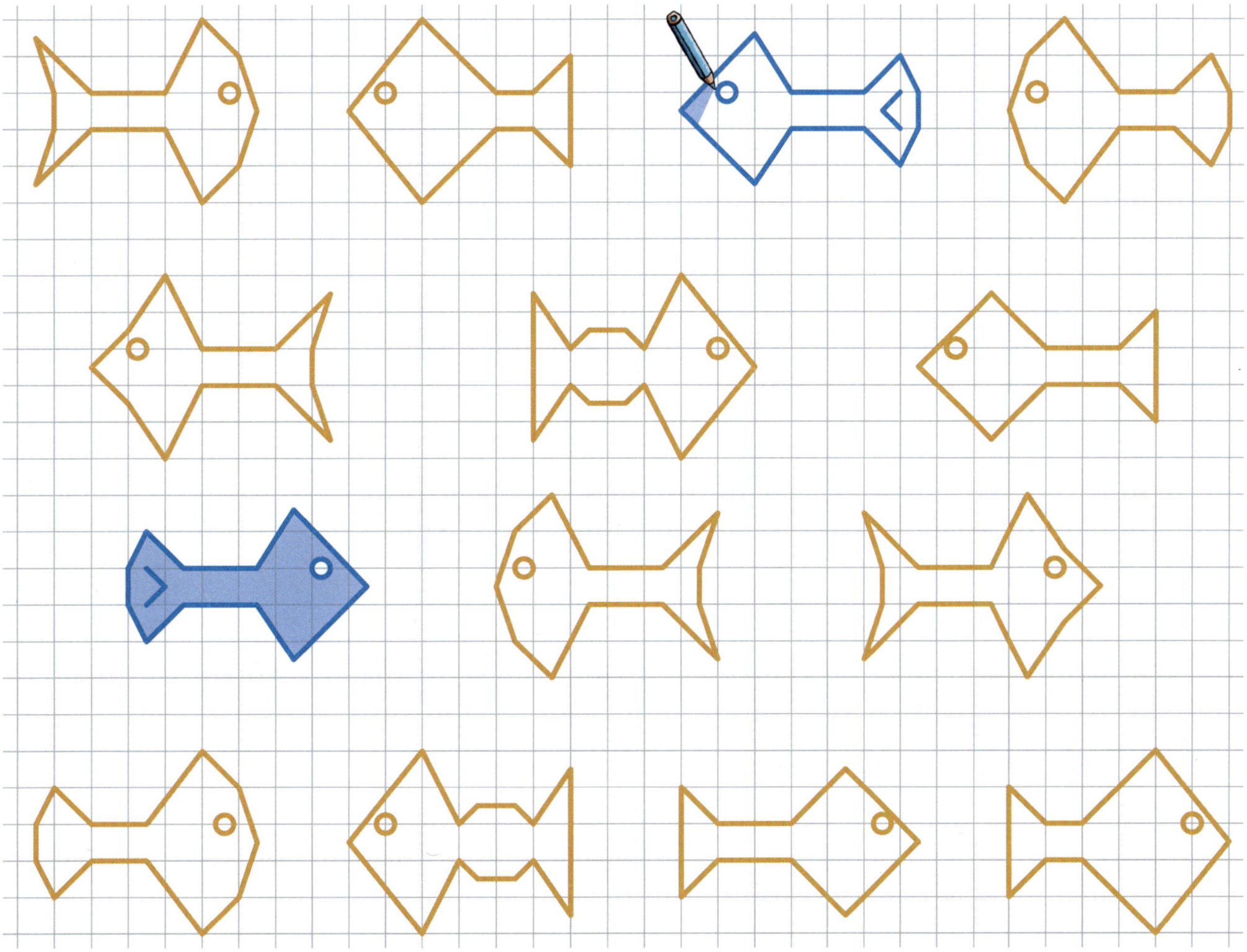

Symmetrieachsen einzeichnen und Spiegelbilder zeichnen

1 Stelle fest, ob die Figuren achsensymmetrisch sind. Zeichne bei achsen-
symmetrischen Figuren mit einem roten Stift alle Symmetrieachsen ein.
Benutze ein Lineal.

a)  b) 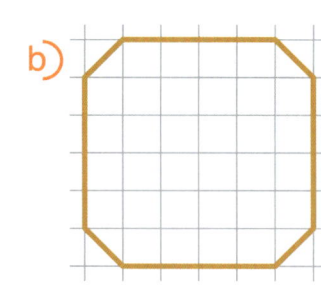 c)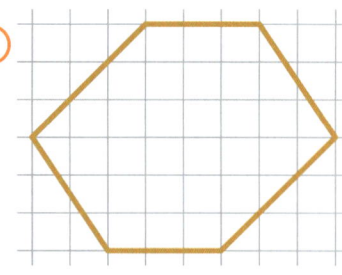

d) 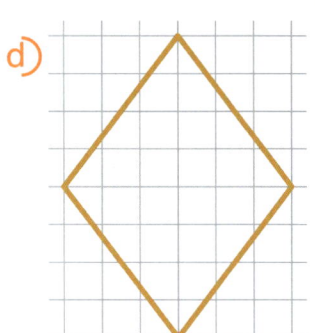 e) 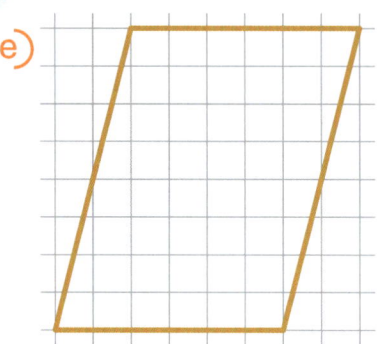 f)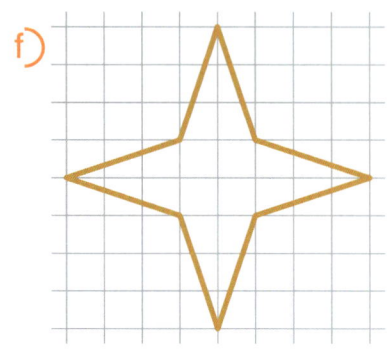

g) 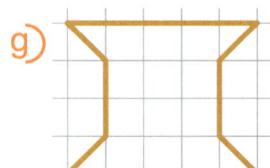 h) 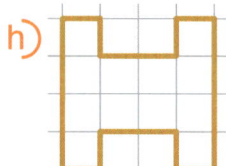 i)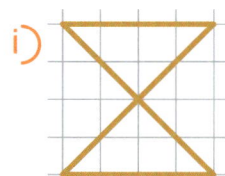

2 Zeichne das Spiegelbild.

a) 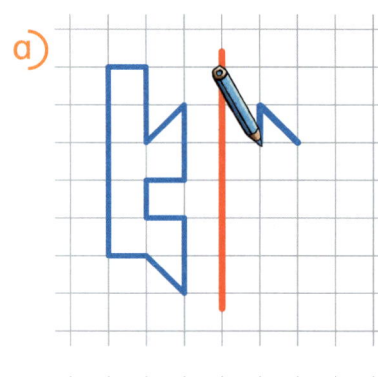 b)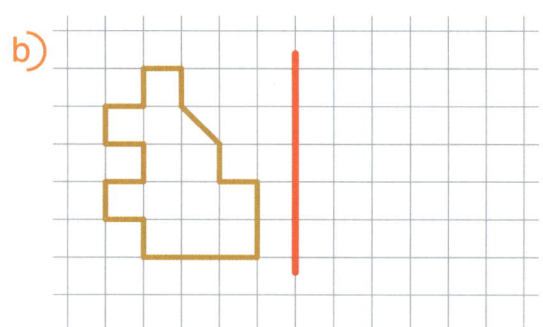

c) 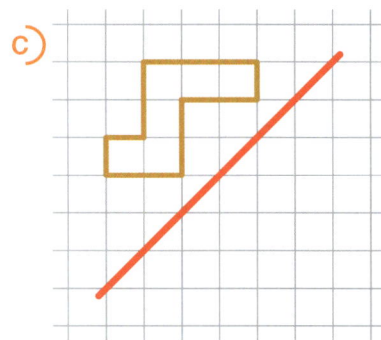 d)

Plus- und Minusaufgaben mit Hundertern üben

1 Löse die Aufgaben. Du kannst auch zuerst legen oder zeichnen.

a) $158 + 200 =$ 358

$436 + 500 =$ ▢

$285 + 600 =$ ▢

$363 + 400 =$ ▢

b) $425 +$ ▢ $= 825$

$192 +$ ▢ $= 792$

$538 +$ ▢ $= 938$

$205 +$ ▢ $= 705$

c) ▢ $+ 223 = 623$

▢ $+ 432 = 732$

▢ $+ 576 = 876$

▢ $+ 358 = 958$

d) $856 - 400 =$ ▢

$543 - 200 =$ ▢

$921 - 700 =$ ▢

$784 - 300 =$ ▢

e) $605 -$ ▢ $= 105$

$423 -$ ▢ $= 223$

$795 -$ ▢ $= 495$

$963 -$ ▢ $= 363$

f) ▢ $- 300 = 425$

▢ $- 700 = 147$

▢ $- 800 = 59$

▢ $- 100 = 187$

2 Fülle die Rechentabellen aus.

a)

+	100	300	500	200
187	287			
456				
308				

b)

−	100	700	500	600
782				
924				
835				

3 Fülle die Rechenketten vollständig aus.

a)

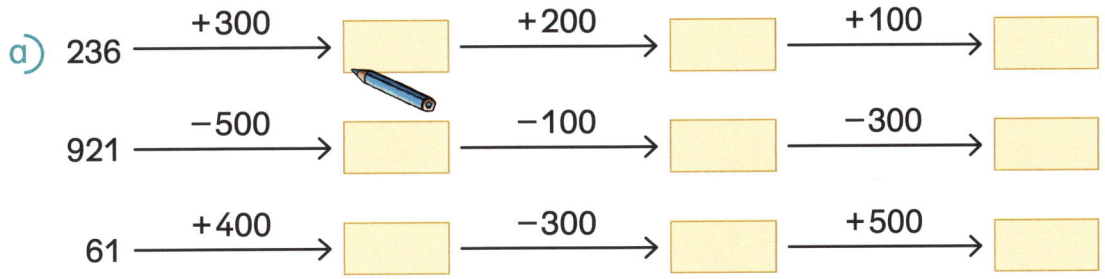

b)

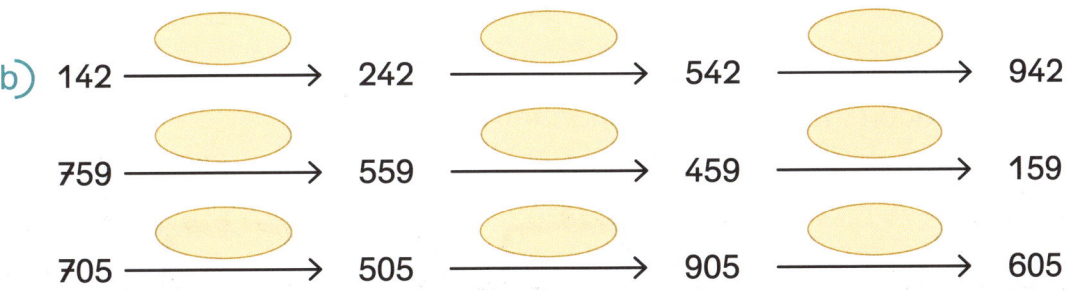

c) Finde selbst Rechenketten und schreibe sie in dein Heft.

Plusaufgaben mit Hundertern und Zehnern lösen

1 Schreibe deine Rechenschritte auf. Löse die Plusaufgaben.

a) □□□□|||| □□□||||

340 +

b) □□□□□|| □□□||||||| |

c) □□□||||... □□□□||

d) □□□□|||||. □||||

e) □□□□□||| □|||||...

f) □□□||||| | □□□□||.....

2 Schreibe deine Rechenschritte auf. Löse die Plusaufgaben.

a) 520 + 360 = ☐

b) 250 + 410 = ☐

c) 427 + 440 = ☐

d) 139 + 250 = ☐

e) 510 + 268 = ☐

f) 330 + 463 = ☐

3 Rechne in zwei Schritten im Kopf. Löse die Plusaufgaben.

a) 420 + 340 = ☐
210 + 670 = ☐
350 + ☐ = 880
420 + ☐ = 970

b) 231 + 450 = ☐
458 + 230 = ☐
342 + ☐ = 562
613 + ☐ = 953

c) 420 + 267 = ☐
550 + 349 = ☐
340 + ☐ = 562
130 + ☐ = 483

4 Ergänze die Zahlenmauern. Rechne in zwei Schritten im Kopf.

a)

120 230 117

b)

226 130 310

c)

410 130 219

Plusaufgaben mithilfe verwandter Aufgaben lösen

1 Löse zuerst die „einfachen" verwandten Aufgaben.

a) $8 + 4 =$ 12
   $80 + 40 =$ 120
   $680 + 40 =$

b) $7 + 5 =$
   $70 + 50 =$
   $470 + 50 =$

c) $9 + 6 =$
   $90 + 60 =$
   $690 + 60 =$

2 Finde und löse zuerst die „einfachen" verwandten Aufgaben.

a) $3 + 8 =$ 11
   $30 + 80 =$ 110
   $830 + 80 =$

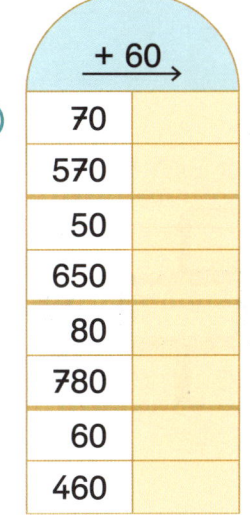

b) $\_\_ + \_\_ = \_\_$
   $\_\_ + \_\_ = \_\_$
   $790 + 50 =$

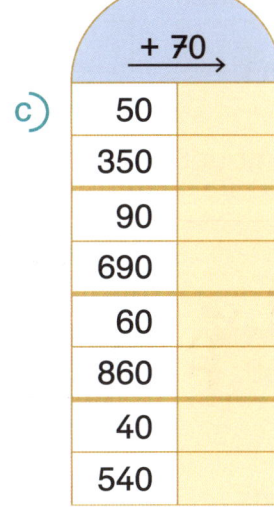

c) $\_\_ + \_\_ = \_\_$
   $\_\_ + \_\_ = \_\_$
   $580 + 60 =$

3 Löse die verwandten Aufgaben. Trage die Ergebnisse ein.

a) **+ 50**

60	110
360	410
80	
480	
90	
590	
70	
670	

b) **+ 60**

70	
570	
50	
650	
80	
780	
60	
460	

c) **+ 70**

50	
350	
90	
690	
60	
860	
40	
540	

d) **+ 80**

4 Rechne und bilde selbst solche Aufgabenpaare.

a) $450 + 80 =$ 530
   $480 + 50 =$
   $560 + 70 =$
   $570 + 60 =$
   $780 + 40 =$
   $740 + 80 =$

b) $380 + 70 =$
   $\_\_ + \_\_ = \_\_$
   $590 + 70 =$
   $\_\_ + \_\_ = \_\_$
   $860 + 80 =$
   $\_\_ + \_\_ = \_\_$

c) $\_\_ + \_\_ = \_\_$
   $\_\_ + \_\_ = \_\_$
   $\_\_ + \_\_ = \_\_$
   $\_\_ + \_\_ = \_\_$
   $\_\_ + \_\_ = \_\_$
   $\_\_ + \_\_ = \_\_$

d) Überlege, warum die Aufgabenpaare immer das gleiche Ergebnis haben.

Plusaufgaben mit dem eigenen Rechenweg in zwei Schritten lösen

1 Löse die Aufgaben. Notiere deine Rechenschritte.

a) am Rechenstrich

647 + 170 = ☐

┼―――――――――――――――――
647

596 + 230 = ☐

┼―――――――――――――――――
596

358 + 570 = ☐

┼―――――――――――――――――
358

b) als Rechnung

376 + 260 = ☐   485 + 350 = ☐   597 + 250 = ☐

376 + ☐ = ☐   485 + ☐ = ☐   597 + ☐ = ☐

☐ + ☐ = ☐   ☐ + ☐ = ☐   ☐ + ☐ = ☐

2 Ergänze die Zahlenmauern. Rechne in zwei Schritten im Kopf.

a)

196 240 280

b)

70 290 335

c)

260 170 287

3 Löse die Zahlenrätsel.

Meine Zahl erhältst du, wenn du zu 257 zuerst 400 und dann 80 dazurechnest.

Du erhältst meine Zahl, wenn du zu 338 erst 600 dazurechnest und dann 10 abziehst.

 ――――――――――――――――    ――――――――――――――――

4 Schreibe selbst ein Zahlenrätsel für ein anderes Kind.

 ―――――――――――――――――――――――――――――

Minusaufgaben mit Hundertern und Zehnern lösen

1 Schreibe deine Rechenschritte auf. Löse die Minusaufgaben.

a) ☐☐▨▨▨||||| ╫

580 –

b) ☐☐☐▨▨ ▨||||| ╫

c) ☐▨▨▨||||| ╫╫...

d) ☐☐☐||||| ╫╫╫..... ...

e) ☐☐▨▨▨ ▨▨|╫..... ....

f) ☐▨▨▨▨|||╫ ╫.

2 Schreibe deine Rechenschritte auf. Löse die Minusaufgaben.

a) 780 – 530 = ☐

b) 480 – 210 = ☐

c) 637 – 320 = ☐

d) 591 – 170 = ☐

e) 856 – 430 = ☐

f) 976 – 340 = ☐

3 Rechne in zwei Schritten im Kopf. Löse die Minusaufgaben.

a) 680 – 420 = ☐
550 – 230 = ☐
480 – ☐ = 150
740 – ☐ = 510

b) 732 – 220 = ☐
674 – 450 = ☐
512 – 310 = ☐
984 – 360 = ☐

c) 883 – ☐ = 443
562 – ☐ = 302
995 – ☐ = 545
771 – ☐ = 701

4 Ergänze die Zahlenmauern. Rechne in zwei Schritten im Kopf.

a)

b)

c)

Minusaufgaben mithilfe verwandter Aufgaben lösen

1 Löse zuerst die „einfachen" verwandten Aufgaben.

a)
12 − 5 = | 7 |

120 − 50 = | 70 |

820 − 50 = | |

b)
15 − 8 = | |

150 − 80 = | |

650 − 80 = | |

c)
11 − 3 = | |

110 − 30 = | |

910 − 30 = | |

2 Finde und löse zuerst die „einfachen" verwandten Aufgaben.

a)
| 12 | − | 7 | = | 5 |

| 120 | − | 70 | = | 50 |

920 − 70 = | |

b)
| | − | | = | |

| | − | | = | |

730 − 80 = | |

c)
| | − | | = | |

| | − | | = | |

640 − 70 = | |

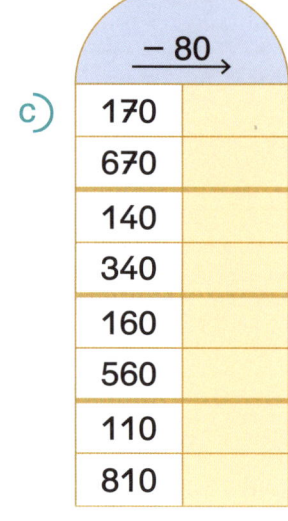

3 Löse die verwandten Aufgaben. Trage die Ergebnisse ein.

a) **− 50**

120	70
520	470
140	
640	
100	
700	
130	
830	

b) **− 70**

130	
630	
150	
850	
110	
510	
140	
940	

c) **− 80**

170	
670	
140	
340	
160	
560	
110	
810	

d) **− 60**

4 Rechne und bilde selbst solche Aufgabenpaare.

a)
420 − 50 = | 370 |

460 − 90 = | |

610 − 40 = | |

640 − 70 = | |

740 − 80 = | |

720 − 60 = | |

b)
850 − 70 = | |

| | − | | = | |

930 − 80 = | |

| | − | | = | |

540 − 60 = | |

| | − | | = | |

c)
| | − | | = | |

| | − | | = | |

| | − | | = | |

| | − | | = | |

| | − | | = | |

| | − | | = | |

d) Überlege, warum die Aufgabenpaare immer das gleiche Ergebnis haben.

Minusaufgaben mit dem eigenen Rechenweg in zwei Schritten lösen

1 Löse die Aufgaben. Notiere deine Rechenschritte.

a) am Rechenstrich

$728 - 350 =$ ☐

———————————————— 728

$847 - 580 =$ ☐

———————————————— 847

$685 - 390 =$ ☐

———————————————— 685

b) als Rechnung

$568 - 370 =$ ☐	$963 - 480 =$ ☐	$423 - 270 =$ ☐
$568 -$ ☐ $=$ ☐	$963 -$ ☐ $=$ ☐	$423 -$ ☐ $=$ ☐
☐ $-$ ☐ $=$ ☐	☐ $-$ ☐ $=$ ☐	☐ $-$ ☐ $=$ ☐

2 Ergänze die Zahlenmauern. Rechne in zwei Schritten im Kopf.

a)
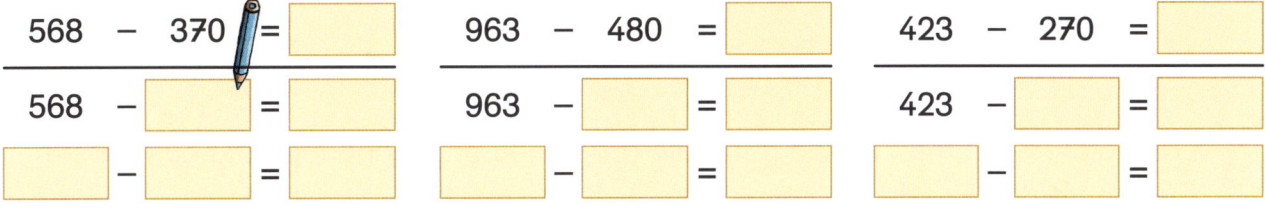
568 / 320 / 150

b)
712 / 340 / 240

c)

859 / 420 / 250

3 Löse die Zahlenrätsel.

Meine Zahl erhältst du, wenn du von 537 zuerst 300 und dann 60 abziehst.
Meral

Du erhältst meine Zahl, wenn du von 728 erst 500 abziehst und dann 10 dazurechnest.
Max

_____

_____

4 Schreibe selbst ein Zahlenrätsel für ein anderes Kind.

_____

Plusaufgaben in drei Schritten lösen

1 Löse die Aufgabe $\boxed{268 + 356}$.
Notiere deine Rechenschritte auf verschiedene Weise.

a) am Rechenstrich

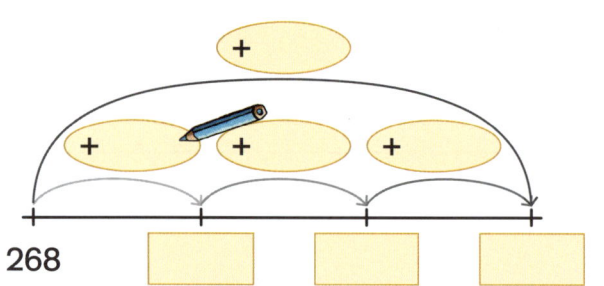

268

b) als drei Plusaufgaben

268 + 356 = ☐

268 + ☐ = ☐

☐ + ☐ = ☐

☐ + ☐ = ☐

c) als Zerlegungsaufgabe

268 + ☐ + ☐ + ☐ = ☐

2 Löse die Teilschritte. Fasse dann die dargestellten Rechenschritte zusammen.
Bestimme das Ergebnis.

a) 329 + 300 + 60 + 5 = ☐

329 + ☐ = ☐

c)   374 + ☐ = ☐

374 + 100 = ☐

☐ + 60 = ☐

☐ + 8 = ☐

b)

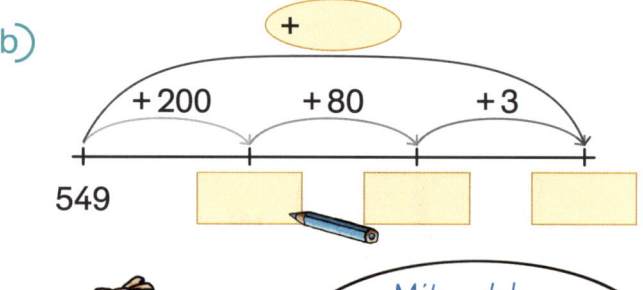

549

Mit welcher Darstellung kannst du am besten rechnen?

3 Rechne mit deinem Rechenweg. Stelle die Rechenschritte auf deine Weise dar.

a) $\boxed{358 + 463 = \text{☐}}$

b) $\boxed{287 + 648 = \text{☐}}$

Minusaufgaben in drei Schritten lösen

1 Löse die Aufgabe $\boxed{745 - 268}$.
Notiere deine Rechenschritte auf verschiedene Weise.

a) am Rechenstrich

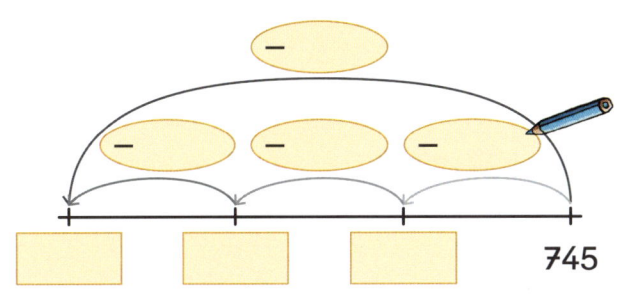

745

b) als drei Minusaufgaben

c) als Zerlegungsaufgabe

745 –

2 Löse die Teilschritte. Fasse dann die dargestellten Rechenschritte zusammen.
Bestimme das Ergebnis.

a)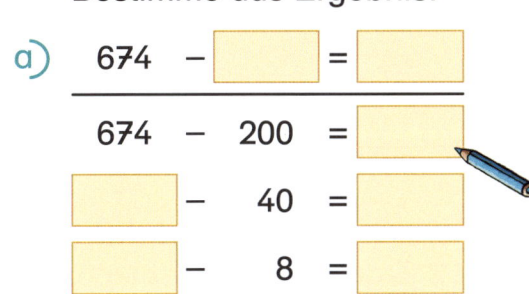

674 – 200 =
– 40 =
– 8 =

Mit welcher Darstellung kannst du am besten rechnen?

b)

−8   −50   −300

936

c) 825 – 500 – 40 – 7 =

825 –   =

3 Rechne mit deinem Rechenweg. Stelle die Rechenschritte auf deine Weise dar.

a) $\boxed{423 - 237 = }$

b) $\boxed{548 - 172 = }$

Plus- und Minusaufgaben üben

1 Rechne mit deinem Rechenweg. Rechne geschickt.

a) 357 + 99 = ☐

b) 624 − 198 = ☐

c) 248 + 352 = ☐

d) 462 − 242 = ☐

2 Finde zu 3 Zahlen 2 Plusaufgaben und 2 Minusaufgaben. Schreibe sie auf.

a) | 365 | 470 | 105 |

b) | 227 | 231 | ☐ |

c) | 368 | 488 | ☐ |

3 Überprüfe die Aufgaben mit der Umkehraufgabe. Tipp: 3 Ergebnisse sind falsch.

a) 428 + 280 = 608 __

b) 673 − 423 = 250 __

c) 312 + 638 = 950 __

d) 830 − 535 = 395 __

e) 123 + 567 = 690 __

f) 642 − 162 = 580 __

4 Male die passenden Kärtchen in der gleichen Farbe aus. Löse die Aufgaben.

Subtrahiere 340 von 580.

Addiere 340 und 580.

340 + 580 = ☐

Wenn du von deiner Zahl 340 subtrahierst, erhältst du 580.

Wenn du zu deiner Zahl 340 addierst, erhältst du 580.

☐ − 340 = 580

580 − 340 = ☐

☐ + 340 = 580

Figuren mit gleichem Flächeninhalt erkennen und zeichnen

1 Immer zwei Figuren haben den gleichen Flächeninhalt.
Male sie in der gleichen Farbe aus.

2 Ergänze jeweils drei weitere Figuren mit gleich großem Flächeninhalt.

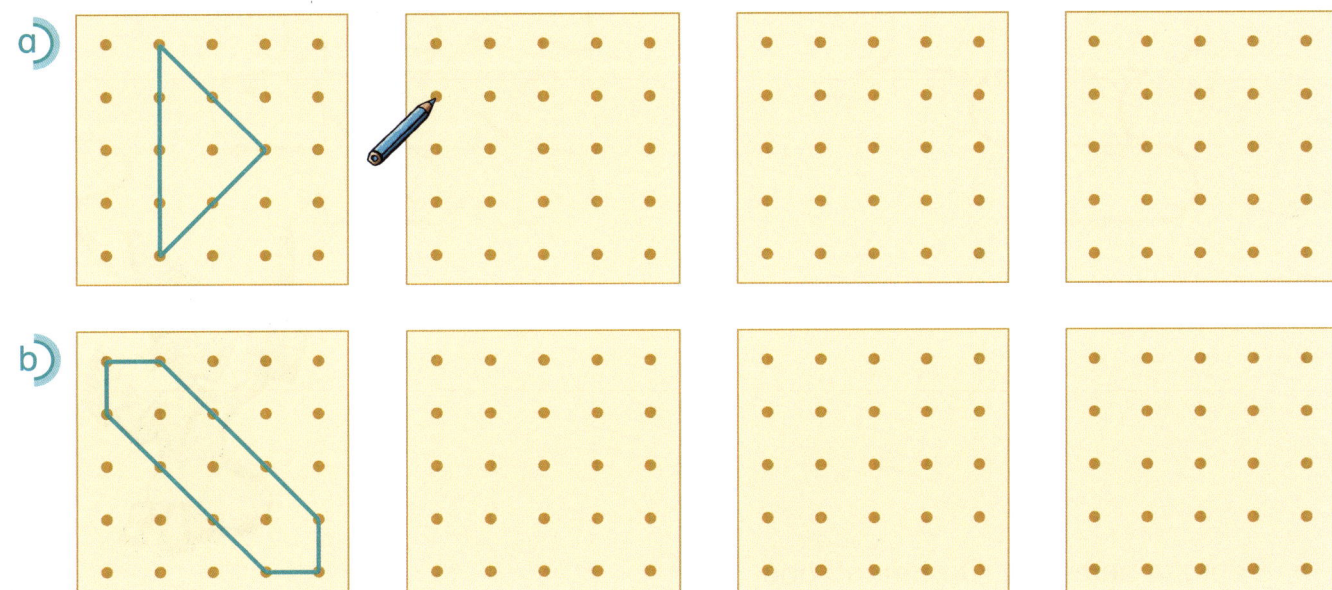

3 Zeichne verschiedene Quadrate ein und male sie aus.
Es gibt Quadrate mit gleich großen und unterschiedlich großen Flächen.

Umkreise die Quadrate mit gleich großen Flächen jeweils in der gleichen Farbe.

Ornamente fortsetzen

1 Wähle mindestens zwei Ornamente aus. Setze sie nach allen Seiten fort.
Du kannst die fertigen Muster anmalen.

Fische!

2 Gestalte selbst ein Ornament, das
ein anderes Kind fortsetzen kann.

In der Stellentafel addieren

1 Löse die Aufgaben. Kontrolliere selbst mit den Lösungen in den Sternen.

a)
H	Z	E
4	2	3
+ 2	6	5
		8

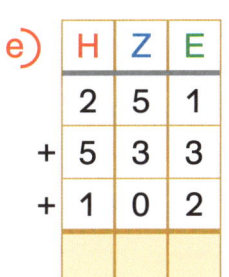

b)
H	Z	E
3	1	7
+ 4	5	2

c)
H	Z	E
7	4	4
+	5	3

d)
H	Z	E
5	3	8
+ 3	6	0

e)
H	Z	E
2	5	1
+ 5	3	3
+ 1	0	2

f)
H	Z	E
7	0	4
+ 1	8	3
+		1	2

g)
H	Z	E
4	6	3
+ 1	2	4
+ 1	1	1

h)
H	Z	E
1	5	3
+		1	4
+ 8	3	2

Sterne: 688, 698, 769, 797, 886, 898, 899, 999

2 Übertrage die Aufgaben in die Stellentafeln und löse sie. Kontrolliere selbst.

a) 413 + 274
H	Z	E
4	1	3
+ 2	7	4

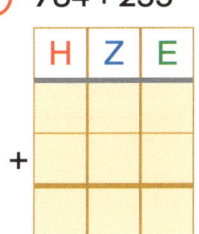

b) 734 + 255
H	Z	E
+		

c) 641 + 136
H	Z	E
+		

d) 74 + 925
H	Z	E
+		

Sterne: 699, 687, 777, 779

e) 333 + 412 + 34
H	Z	E
+		
+		

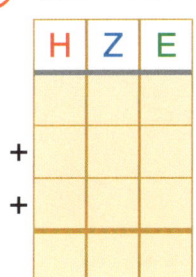

f) 56 + 521 + 222
H	Z	E
+		
+		

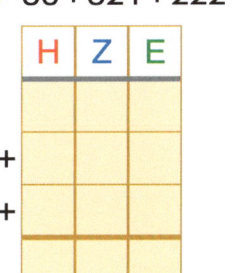

g) 413 + 156 + 320
H	Z	E
+		
+		

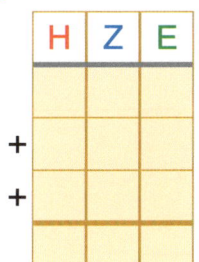

h) 232 + 63 + 404
H	Z	E
+		
+		

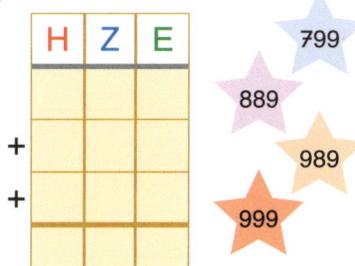

Sterne: 799, 889, 989, 999

3 Trage passende Zahlen ein.

a)
H	Z	E
+		
5	7	9

b)
H	Z	E
+		
8	8	8

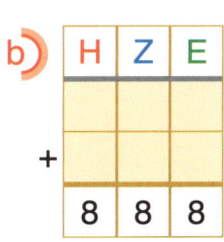

c)
H	Z	E
+		
9	3	6

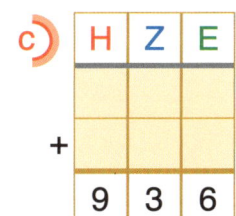

d)
H	Z	E
+		
7	0	7

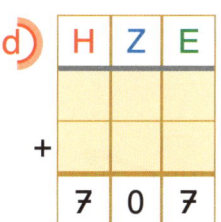

In der Stellentafel mit einer Übertragszahl addieren

1 Löse die Aufgaben. Denke an die Übertragszahl. Kontrolliere selbst.

a)
H	Z	E
6	5	2
+ 2	3	9
		1

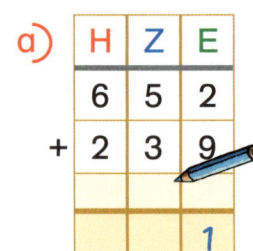

b)
H	Z	E
4	6	8
+ 3	1	7

c)
H	Z	E
2	1	6
+ 3	5	4

d)
H	Z	E
3	0	7
+ 5	6	5

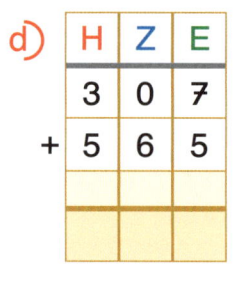

570
748
785
816
819
872
891
936

e)
H	Z	E
2	6	6
+ 4	8	2

f)
H	Z	E
5	2	7
+ 2	9	2

g)
H	Z	E
3	2	5
+ 4	9	1

h)
H	Z	E
2	7	0
+ 6	6	6

2 Übertrage die Aufgaben in die Stellentafeln und löse sie. Kontrolliere selbst.

a) 472 + 377

H	Z	E
4	7	2
+		

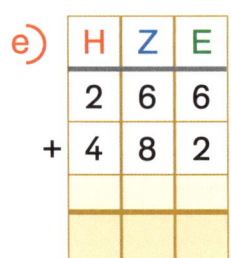 

b) 31 + 649

H	Z	E
+		

c) 309 + 565

H	Z	E
+		

d) 285 + 362

H	Z	E
+		

647
664
680
777
794
849
874
938

e) 385 + 232 + 321

H	Z	E
+		
+		

f) 416 + 246 + 132

H	Z	E
+		
+		

g) 223 + 309 + 132

H	Z	E
+		
+		

h) 292 + 61 + 424

H	Z	E
+		
+		

3 Setze die fehlenden Ziffern ein.

a)
H	Z	E
6		4
+	7	3
9	2	

b)
H	Z	E
6		7
+ 2	3	
	6	5

c)
H	Z	E
2	3	
+ 6		7
	6	1

d)
H	Z	E
	8	7
+ 4	7	
9		9

In der Stellentafel mit zwei Übertragszahlen addieren

1 Löse die Aufgaben. Denke an die Übertragszahlen. Kontrolliere selbst.

a)
H	Z	E
5	6	4
+ 3	7	8
		2

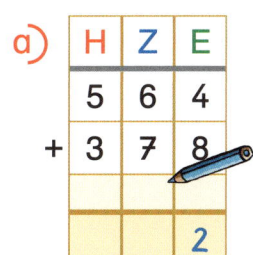

b)
H	Z	E
3	7	2
+ 2	5	8

c)
H	Z	E
4	7	7
+	9	8

d)
H	Z	E
	1	5
+ 8	9	9

Sterne: 543 · 558 · 575 · 621 · 630 · 754 · 779 · 888 · 914 · 942 · 959 · 974

e)
H	Z	E
3	5	4
+ 2	6	7

f)
H	Z	E
1	9	9
+ 5	5	5

g)
H	Z	E
4	4	4
+	9	9

h)
H	Z	E
1	9	9
+ 6	8	9

i)
H	Z	E
3	1	5
+ 4	6	6
+ 1	7	8

k)
H	Z	E
5	7	8
+	9	2
+ 1	0	9

l)
H	Z	E
3	6	8
+ 2	4	5
+ 3	6	1

m)
H	Z	E
1	6	9
+		8
+ 3	8	1

2 Übertrage die Aufgaben in die Stellentafeln und löse sie. Kontrolliere selbst.

a) 568 + 257 + 133
b) 465 + 9 + 372
c) 187 + 513 + 51
d) 273 + 67 + 359

a)
H	Z	E
5	6	8
+		
+		

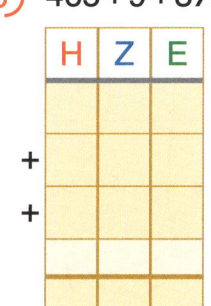

b)
H	Z	E
+		
+		

c)
H	Z	E
+		
+		

d)
H	Z	E
+		
+		

Sterne: 699 · 751 · 846 · 958

3 Trage passende Zahlen so ein, dass du folgende Überträge und Ergebnisse erhältst.

a)
H	Z	E
+		
1	1	
9	0	0

b)
H	Z	E
+		
1	1	
8	9	3

c)
H	Z	E
+		
1	1	
4	1	7

d)
H	Z	E
+		
1	1	
4	3	5

Schriftliches Addieren üben

1 Rechne.
Male im Bild unten die Felder mit den Ergebniszahlen aus.

a)
```
  3 1 8        2 1 8        3 9 6        2 8 9        1 8 8
+ 1 2 8      + 1 7 8      + 1 6 3      + 3 1 3      + 1 6 2
     1
  4 4 6
```

b)
```
  6 2 6        3 0 9        4 8 6        1 8 9        1 9 6
+ 2 3 8      + 1 2 9      + 2 4 2      + 1 5 3      + 2 9 2
```

c)
```
  2 9 7        2 3 6        1 4 9        2 3 2        1 8 9
+ 2 7 2      + 2 3 2      + 2 5 9      + 1 8 7      + 1 6 7
```

d)
```
  3 5 4        4 5 5        2 7 9        3 4 9        3 9 3
+ 1 8 2      + 4 9 4      + 2 6 9      + 1 7 9      + 1 8 7
+ 3 8 3      +   5 1      + 3 0 4      + 1 7 2      + 1 3 0
```

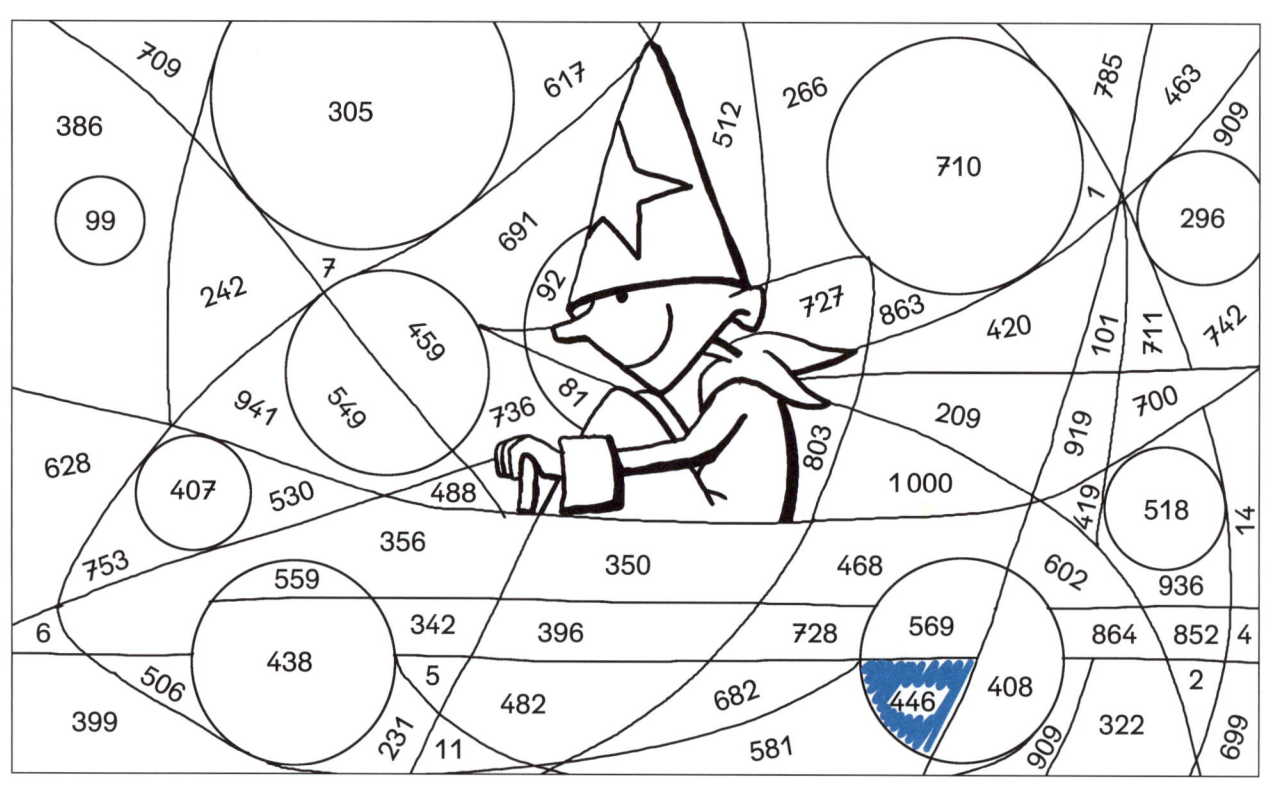

Additionsaufgaben zusammenstellen und lösen

1 Trage die Ziffern 1, 2, 3, 4, 5, 6 in die gelben Kästchen ein.

a) Trage sie so ein, dass du vier unterschiedliche Additionsaufgaben erhältst.
Verwende bei jeder Aufgabe jede der Ziffern nur einmal. Rechne.

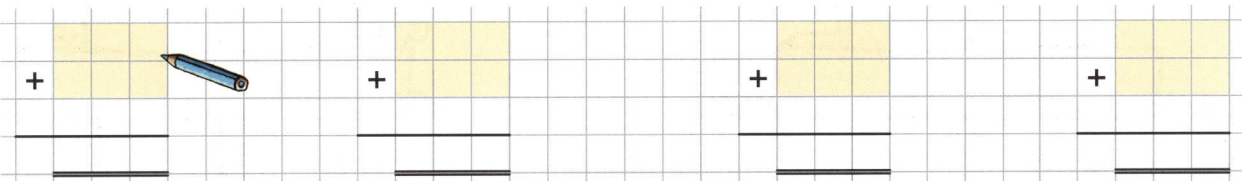

b) Trage die Ziffern so ein, dass du die Aufgabe mit dem
größtmöglichen und dem kleinstmöglichen Ergebnis erhältst.
Verwende bei jeder Aufgabe jede der Ziffern nur einmal.

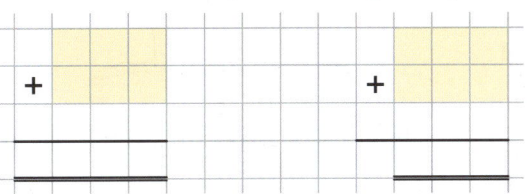

2 Finde für die Kästchen passende Ziffern und trage sie ein.
Beachte: Innerhalb einer Aufgabe soll eine Ziffer jeweils
nur einmal benutzt werden.

a)

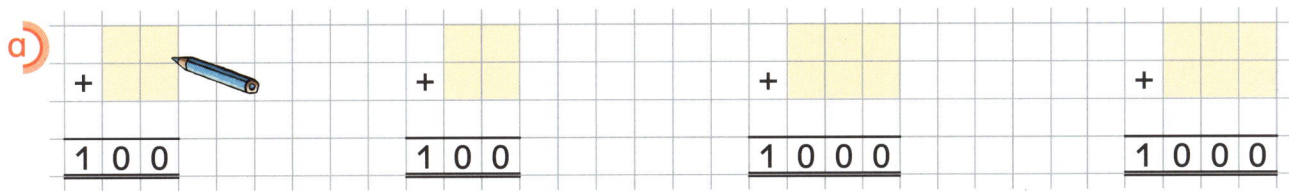

b)

3 Trage in die Kästchen passende Zahlen ein.

Zahlenmauern ergänzen und erstellen

1 Ergänze die Zahlenmauern. Addiere schriftlich, wenn nötig.

a)

b)

2

a) Berechne die fehlenden Zahlen.

b) Begründe, weshalb sich die beiden obersten Zahlen unterscheiden,
obwohl die Zahlen in den Grundmauern gleich sind.

_____

_____

_____

_____

3 Trage die Zahlen 98, 87, 105 und 123 in die Grundmauern so ein …

a) … dass die oberste Zahl
möglichst groß wird.

b) … dass die oberste Zahl
möglichst klein wird.

Informationen bearbeiten und darstellen

1 Besucher im Freibad

	Mo.	Di.	Mi.	Do.	Fr.	Sa.	So.
Erwachsene	87	53	38	67	107	215	268
Kinder bis 6 Jahre	54	14	5	21	84	95	119
Kinder über 6 Jahre	134	65	27	112	268	307	324

a) Ergänze die Aussagen. Entnimm die notwendigen Informationen aus der Tabelle. Addiere, wenn nötig, schriftlich auf dem Rechenblock.

Das Freibad hatte am Montag insgesamt _____ Besucher.

Am Sonntag waren es _____ Besucher.

Am Wochenende waren _____ Erwachsene im Freibad.

Die Personengruppe _____ besuchte das Freibad während der Woche besonders oft.

b) Ich vermute, dass in der Woche folgendes Wetter war:

2

Wie viele Besucher kamen am ersten Ferienwochenende in den Zoo?

Am Freitag hatten wir vormittags 141 Besucher. Nachmittags sogar 218. Am Samstag wurden insgesamt 11 Karten mehr verkauft. 247 waren es allein nachmittags.

Und am Sonntag?

Da hatten wir Rekordbesucherzahlen: 349 am Vormittag und 288 am Nachmittag.

Erstelle eine Tabelle mit den Informationen aus dem Interview.

Besucher	Fr.		
Vormittag			
Nachmittag			
Gesamt			

Uhrzeiten ablesen und einzeichnen

1 Gib beide Uhrzeiten sekundengenau an.

7.10 Uhr und 25 Sek.

19.10 Uhr und 25 Sek.

2 Zeichne den Stunden-, Minuten- und Sekundenzeiger ein.

 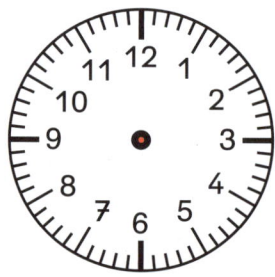 

8.25 Uhr und
50 Sekunden

10.27 Uhr und
42 Sekunden

13.34 Uhr und
55 Sekunden

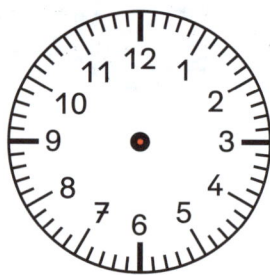  

21.12 Uhr und
35 Sekunden

7.05 Uhr und
27 Sekunden

11.43 Uhr und
19 Sekunden

Größenbereich Zeit

Zur nächsten Stunde oder Minute ergänzen

1 Lies an der Uhr ab und trage im Pfeilbild ein.

a) die Minuten bis zur nächsten vollen Stunde

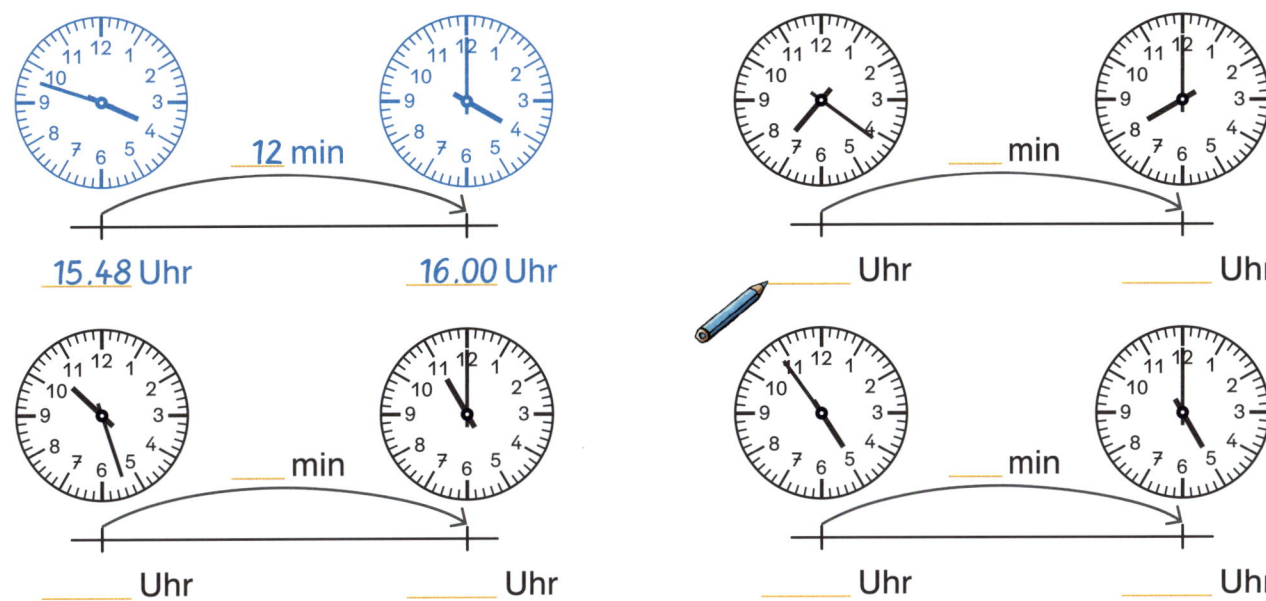

12 min

15.48 Uhr   16.00 Uhr

_____ min

_____ Uhr   _____ Uhr

_____ min

_____ Uhr   _____ Uhr

_____ min

_____ Uhr   _____ Uhr

b) die Sekunden bis zur nächsten vollen Minute

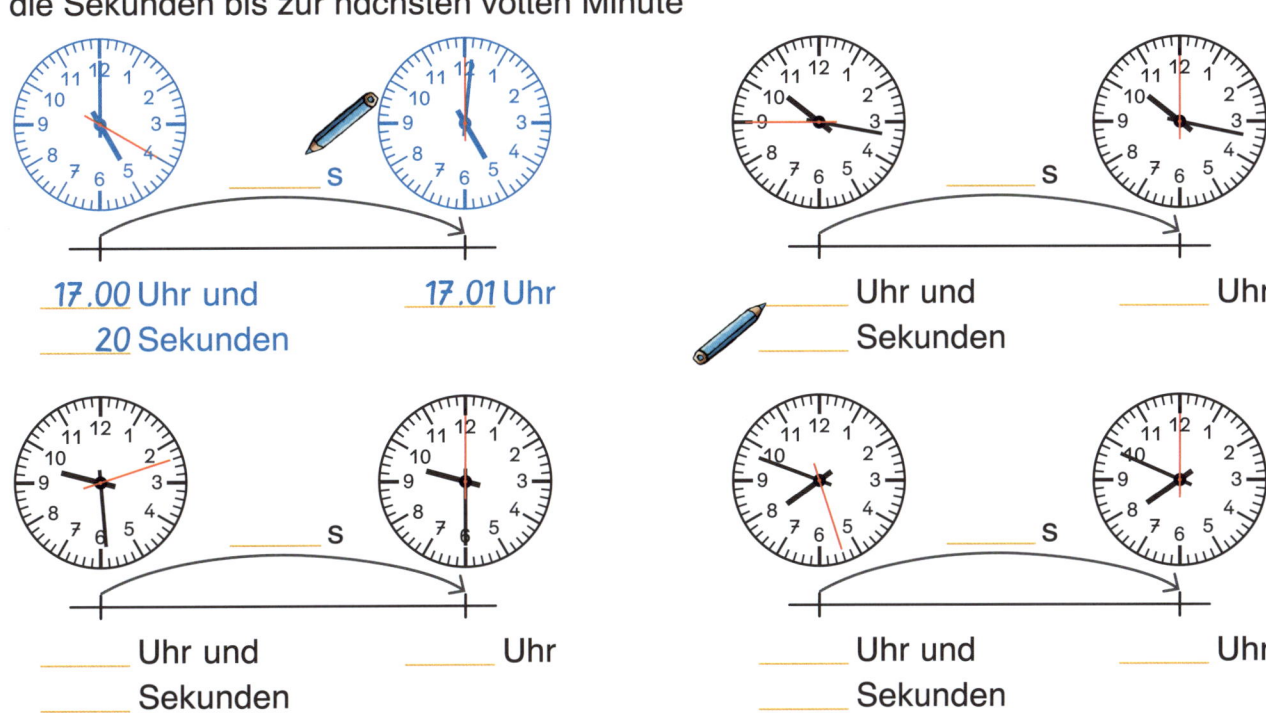

_____ s

17.00 Uhr und   17.01 Uhr
20 Sekunden

_____ s

_____ Uhr und   _____ Uhr
_____ Sekunden

_____ s

_____ Uhr und   _____ Uhr
_____ Sekunden

_____ s

_____ Uhr und   _____ Uhr
_____ Sekunden

2 Trage ein.

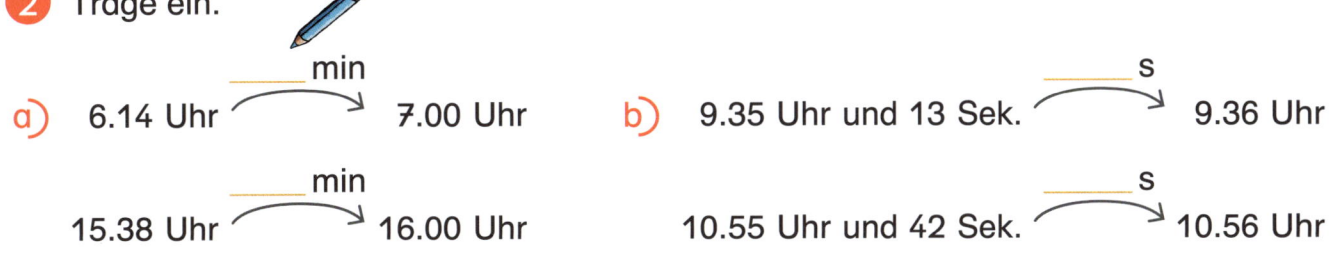

a)   _____ min
6.14 Uhr ⟶ 7.00 Uhr

_____ min
15.38 Uhr ⟶ 16.00 Uhr

b)   _____ s
9.35 Uhr und 13 Sek. ⟶ 9.36 Uhr

_____ s
10.55 Uhr und 42 Sek. ⟶ 10.56 Uhr

Größenbereich Zeit   35

Zeitdauer in Stunden und Minuten ermitteln

1 Ergänze die Pfeilbilder und berechne, wie viel Zeit vergangen ist.

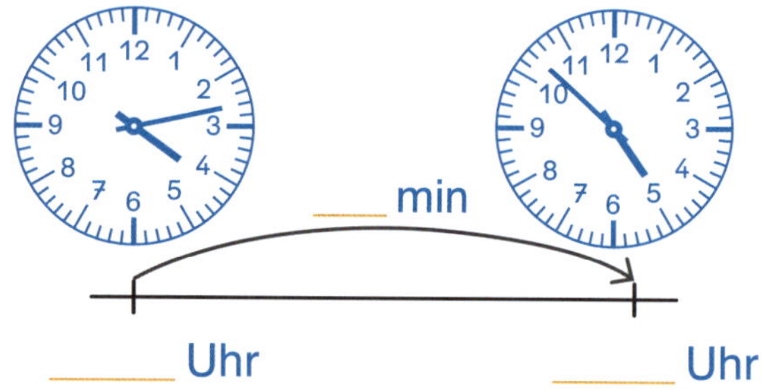

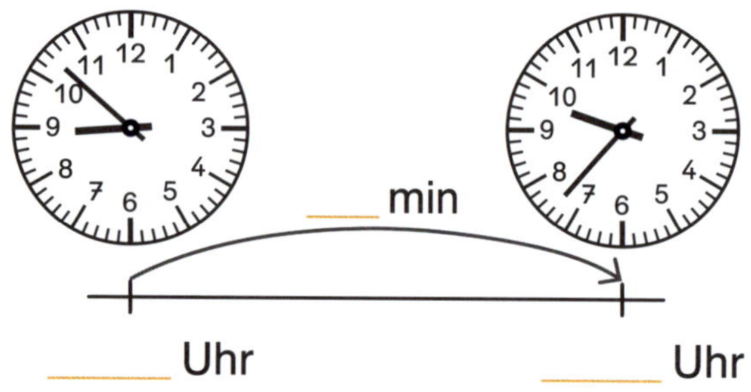

Skizzen

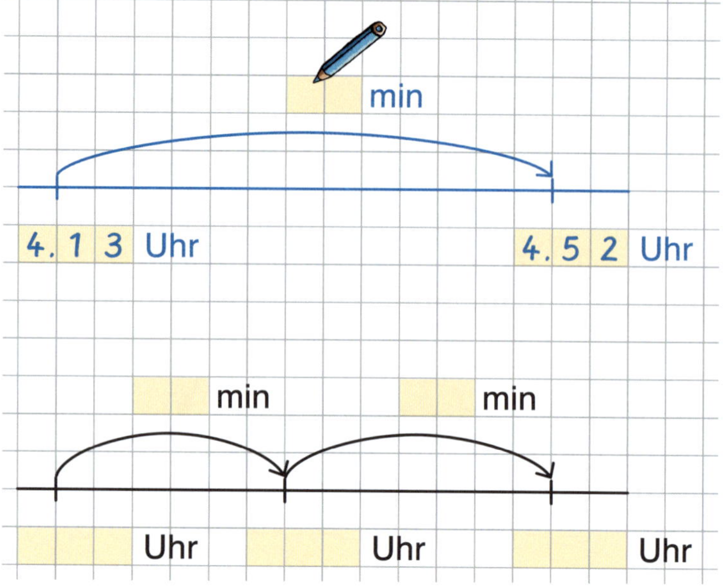

a)

_____ min

_____ Uhr   _____ Uhr

4.13 Uhr _____ min 4.52 Uhr

_____ min

_____ min   _____ min

_____ Uhr   _____ Uhr   _____ Uhr   _____ Uhr   _____ Uhr

b)

___ h ___ min

_____ Uhr   _____ Uhr

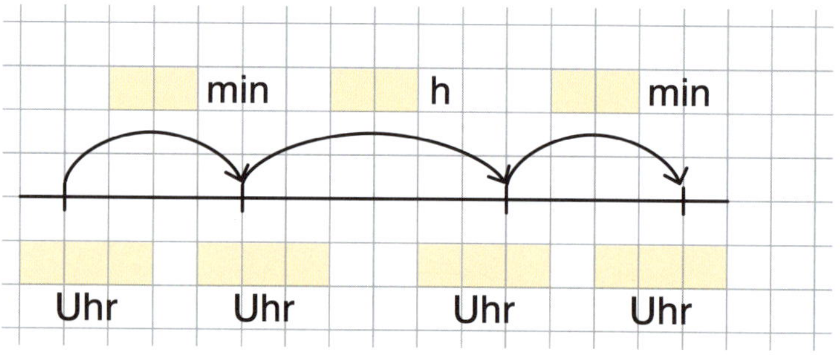

_____ min   ___ h   _____ min

_____ Uhr   _____ Uhr   _____ Uhr   _____ Uhr

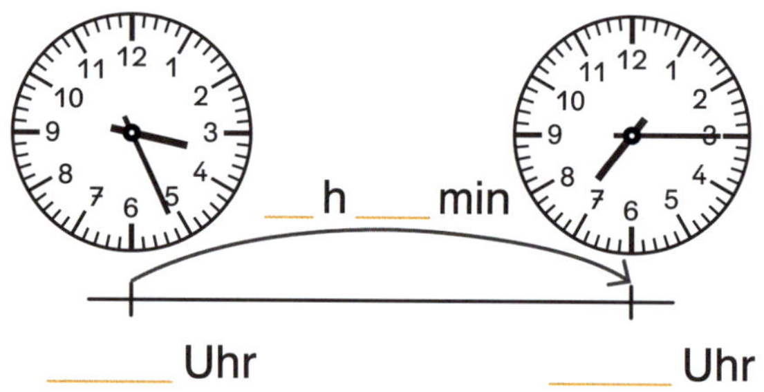

2 Wie lange dauern die Fahrten mit dem Auto und dem Zug? Zeichne Pfeilbilder.

a) Auto: ___ h ___ min

7.50 Uhr → 12.20 Uhr

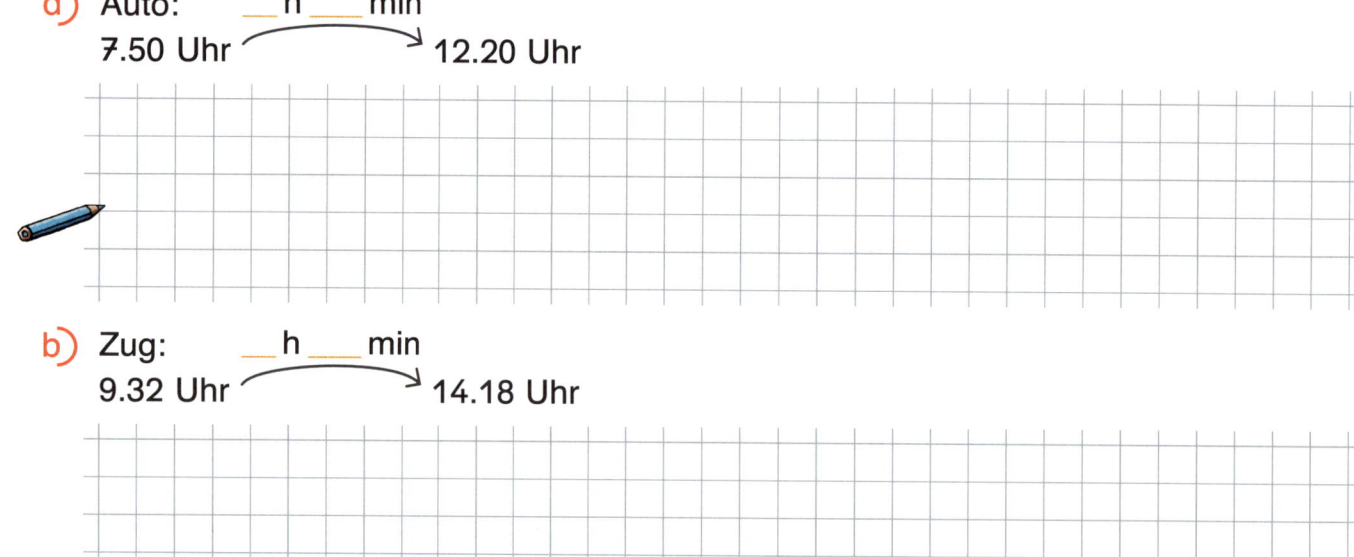

b) Zug: ___ h ___ min

9.32 Uhr → 14.18 Uhr

Zeitdauer in Tagen, Wochen und Monaten bestimmen

1 Bestimme jeweils die Zeitdauer. Zeichne ein Pfeilbild.
Schreibe die berechnete Zeitdauer auch in Wochen und Tagen auf.

a) 18.1. bis 12.3.

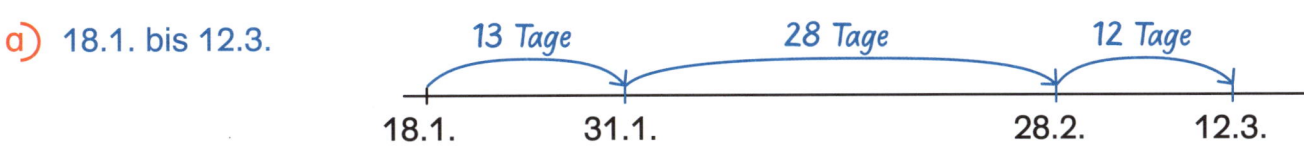

13 Tage   28 Tage   12 Tage

18.1.   31.1.   28.2.   12.3.

53 Tage, das sind 7 Wochen und 4 Tage.

b) 22.4. bis 18.6.

22.4.

c) 17.3. bis 22.5.

17.3.

d) 23.11. bis 8.3.

23.11.

2 Bestimme genauso.

a) von heute bis Heiligabend

24.12.

b) von heute bis zu deinem Geburtstag

3 Zeichne die Skizzen auf ein Blatt und bestimme auf die gleiche Weise.

a) dein Alter in Monaten

b) deine bisherige Schulzeit (mit Ferien) in Wochen

Tageslängen bestimmen und darstellen

Sonnenaufgang (SA) und Sonnenuntergang (SU) in Oslo (Norwegen)

Tag	SA	SU	Tag	SA	SU
21. Januar	8.56 Uhr	16.00 Uhr	21. Juli	4.32 Uhr	22.12 Uhr
21. Februar	7.42 Uhr	17.20 Uhr	21. August	5.45 Uhr	20.54 Uhr
21. März	6.17 Uhr	18.33 Uhr	21. September	6.57 Uhr	19.21 Uhr
21. April	5.44 Uhr	20.48 Uhr	21. Oktober	8.09 Uhr	17.52 Uhr
21. Mai	4.27 Uhr	22.00 Uhr	21. November	8.27 Uhr	15.36 Uhr
21. Juni	3.53 Uhr	22.43 Uhr	21. Dezember	9.17 Uhr	15.11 Uhr

1 Ergänze die Aussagen für Oslo.

a) Die Sonne geht am _____ am frühesten auf.

b) Am _____ geht sie am spätesten auf.

c) Die Sonne geht am _____ am frühesten unter.

d) Am _____ geht sie am spätesten unter.

e) Der längste Tag ist der _____ .

f) Der kürzeste Tag ist der _____ .

2 Berechne für die angegebenen Tage die Tageslänge und zeichne sie als Balken ein.

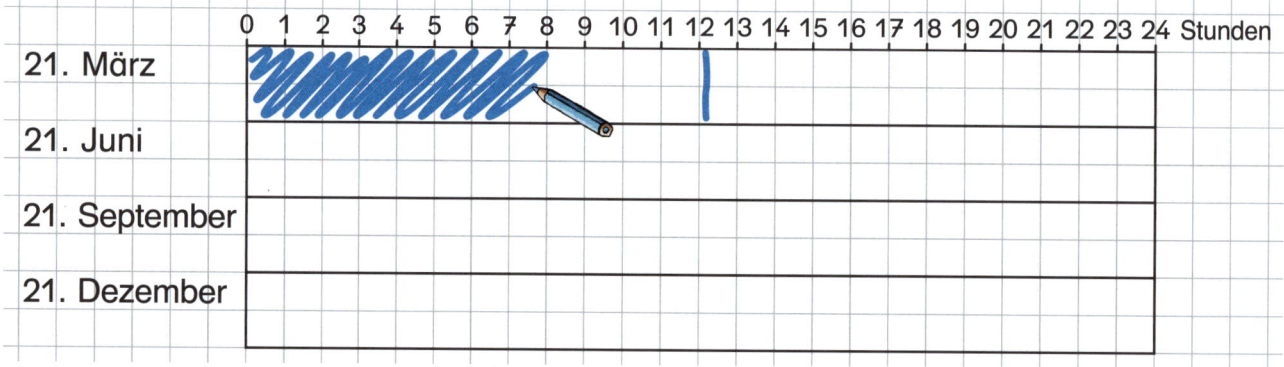

	0 1 2 3 4 5 6 7 8 9 10 11 12 13 14 15 16 17 18 19 20 21 22 23 24 Stunden
21. März	
21. Juni	
21. September	
21. Dezember	

3 Schätze die Länge des heutigen Tages. Finde danach die tatsächliche Tageslänge deines Wohnortes heraus und vergleiche sie mit deiner Schätzung. Informationen zur Tageslänge findest du in der Tageszeitung, im Internet oder auch in manchen Kalendern.

1 Zeichne das Rechenbild, trage in die Stellentafel ein und berechne.
Kontrolliere selbst mit den Lösungen in den Sternen.

a) 367 − 254 = | 113 |

Hunderter	Zehner	Einer
□ ⌀ ⌀	ⅠⅠⅠⅠⅠ Ⅰ	• • • • ✔ ✔ ✔

−	H	Z	E
	3	6	7
	2	5	4
	1	1	3

Beginne immer mit den Einern.

b) 658 − 336 = | |

Hunderter	Zehner	Einer

−	H	Z	E

113

c) 974 − 651 = | |

Hunderter	Zehner	Einer

−	H	Z	E

222

322

d) 455 − 233 = | |

Hunderter	Zehner	Einer

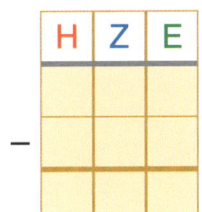

−	H	Z	E

323

e) 587 − 254 = | |

Hunderter	Zehner	Einer

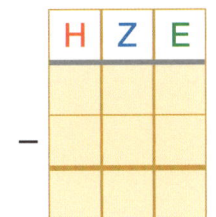

−	H	Z	E

333

Rechenbilder zeichnen – Zehner tauschen und abziehen

1 Zeichne das Rechenbild. Kennzeichne mit Rot, wie du tauschst.
Übertrage in die Stellentafel. Beginne immer mit den Einern. Kontrolliere selbst.

a) 452 − 238 = | 214 |

Hunderter	Zehner	Einer
☐☐⦻⦻	IIII I	••
		•••IIII IIIII

H	Z	E
	4	12
4	5̶	2̶
− 2	3	8
2	1	4

118

b) 673 − 445 = | |

Hunderter	Zehner	Einer

H	Z	E
−		

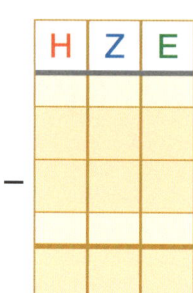

228

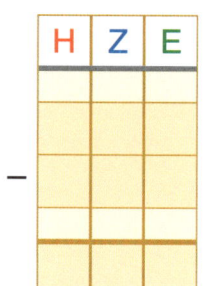

d) 584 − 336 = | |

Hunderter	Zehner	Einer

H	Z	E
−		

248

e) | | − | | = | |

Hunderter	Zehner	Einer

H	Z	E
−		

Finde selbst eine Aufgabe.

Schriftliche Subtraktion

Rechenbilder zeichnen – Hunderter tauschen und abziehen

1 Zeichne das Rechenbild. Kennzeichne mit Rot, wie du tauschst.
Übertrage in die Stellentafel. Beginne immer mit den Einern. Kontrolliere selbst.

a) 437 − 256 = | 181 |

Hunderter	Zehner	Einer
☐☐⊘☒	III IIIII IIIII	•••••• ••

H	Z	E
³	¹³	
4̶	3̶	7
− 2	5	6
1	8	1

 181

b) 625 − 374 =

Hunderter	Zehner	Einer

H	Z	E
−		

 233

c) 518 − 285 =

Hunderter	Zehner	Einer

H	Z	E
−		

251

d) 926 − 564 =

Hunderter	Zehner	Einer

H	Z	E
−		

 362

e) ☐ − ☐ = ☐

Hunderter	Zehner	Einer

H	Z	E
−		

 Finde selbst eine Aufgabe.

Schriftliche Subtraktion   41

1 Übertrage die Aufgaben in die Stellentafeln und berechne durch Abziehen.
Sprich zu den einzelnen Rechenschritten.
Kontrolliere selbst.

a) 462 – 237

H	Z	E
	5	12
4	6̸	2̸
– 2	3	7
2	2	5

b) 374 – 228

H	Z	E
–		

c) 953 – 37

H	Z	E
–		

d) 582 – 248

H	Z	E
–		

e) 752 – 419

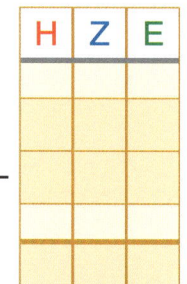

f) 291 – 108

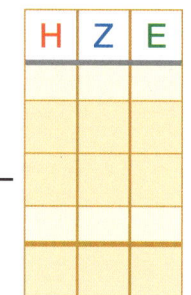

g) 641 – 229

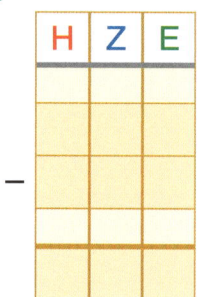

h) 864 – 548

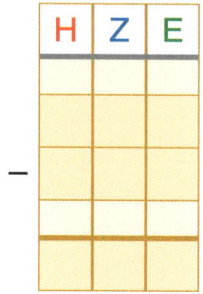

i) 617 – 384

H	Z	E
5	11	
6̸	1̸	7
– 3	8	4
2	3	3

k) 429 – 187

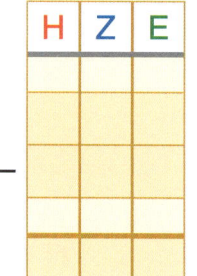

l) 835 – 84

m) 548 – 390

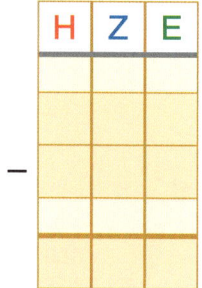

n) 357 – 76

o) 769 – 482

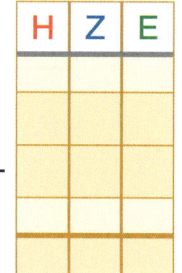

p) 917 – 660

r) 274 – 191

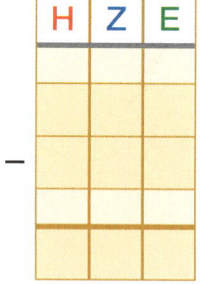

83   158   22̸5   242   281   316   334   751̸

146   183   23̸3   257   287   333   412   916

Schreib- und Sprechweise beim mehrfachen Stellenübergang üben

1 Übertrage die Aufgaben in die Stellentafeln und berechne durch Abziehen.
Sprich zu den einzelnen Rechenschritten.
Kontrolliere selbst.

Beachte den mehrfachen Stellenübergang.

a) 452 − 288

H	Z	E
3	14 / 4	12
4	5	2
− 2	8	8
1	6	5

b) 824 − 565

H	Z	E
−		

c) 563 − 387

H	Z	E
−		

d) 372 − 185

H	Z	E
−		

e) 613 − 278

H	Z	E
−		

f) 954 − 665

H	Z	E
−		

g) 831 − 576

H	Z	E
−		

h) 742 − 285

H	Z	E
−		

i) 654 − 466

H	Z	E
−		

k) 845 − 458

H	Z	E
−		

l) 333 − 187

H	Z	E
−		

m) 536 − 488

H	Z	E
−		

n) 735 − 596

H	Z	E
−		

 48   146   176   188   259   335   457
139   ~~165~~   187   255   289   387

Ergänzen

1 Übertrage die Aufgaben in die Stellentafeln und berechne durch Ergänzen.
Sprich zu den einzelnen Rechenschritten. Beginne immer mit den Einern.
Kontrolliere selbst.

a) 567 – 354

H	Z	E
5	6	7
– 3	5	4
2	1	3

b) 349 – 125

H	Z	E
–		

c) 967 – 642

H	Z	E
–		

d) 884 – 542

H	Z	E
–		

e) 459 – 42

H	Z	E
–		

f) 697 – 546

H	Z	E
–		

g) 759 – 432

H	Z	E
–		

h) 584 – 253

H	Z	E
–		

i) 276 – 155

H	Z	E
–		

k) 459 – 307

H	Z	E
–		

l) 588 – 308

H	Z	E
–		

m) 984 – 703

H	Z	E
–		

n) 867 – 46

H	Z	E
–		

o) 754 – 532

H	Z	E
–		

p) 697 – 74

H	Z	E
–		

r) 459 – 359

H	Z	E
–		

 100
 121
151
 152
 213
222
224
 280
281
 325
327
331
 342
 417
623
 821

Schreib- und Sprechweise beim Ergänzungsverfahren üben

Ergänzen

1 Übertrage die Aufgaben in die Stellentafeln und berechne durch Ergänzen.
Sprich zu den einzelnen Rechenschritten.
Kontrolliere selbst.

a) 453 − 238

H	Z	E
		10
4	5	3
− 2	3	8
	1	
2	1	5

b) 682 − 308

H	Z	E
−		

c) 764 − 327

H	Z	E
−		

d) 392 − 35

H	Z	E
−		

e) 575 − 359

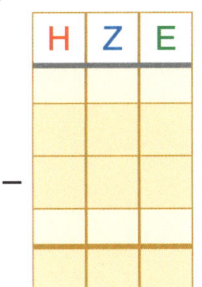

f) 951 − 634

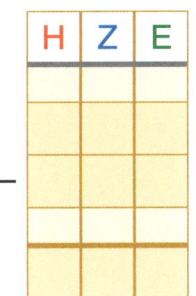

g) 251 − 27

h) 873 − 535

i) 358 − 174

H	Z	E
	10	
3	5	8
− 1	7	4
1		
1	8	4

k) 527 − 280

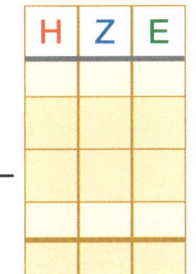

l) 768 − 284

m) 419 − 87

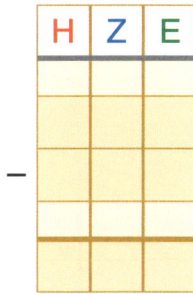

n) 636 − 475

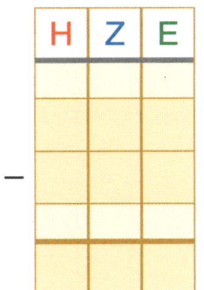

o) 847 − 563

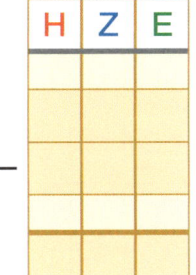

p) 973 − 480

r) 386 − 192

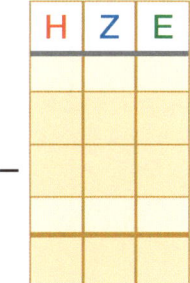

 161  194 216 247 317 338 374 484

184 215 224 284 332 357 437 493

Schreib- und Sprechweise beim mehrfachen Stellenübergang üben

Ergänzen

1 Übertrage die Aufgaben in die Stellentafeln und berechne durch Ergänzen.
Sprich zu den einzelnen Rechenschritten.
Kontrolliere selbst.

a) 943 − 358

H	Z	E
	10	10
9	4	3
− 3	5	8
1	1	
5	8	5

Beachte den mehrfachen Stellenübergang.

b) 514 − 136

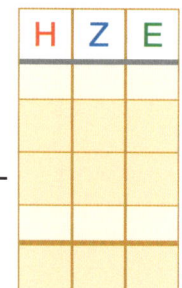

c) 348 − 179

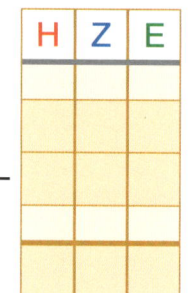

d) 981 − 694

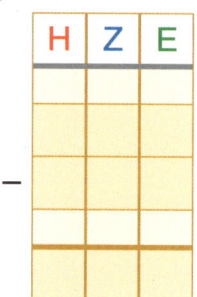

e) 523 − 337

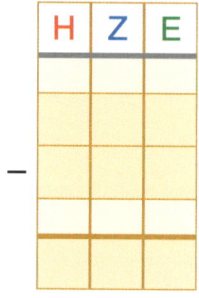

f) 827 − 349

g) 613 − 237

h) 435 − 298

i) 924 − 237

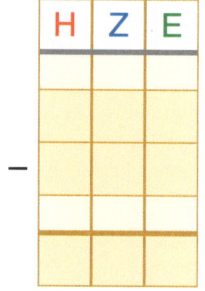

k) 634 − 376

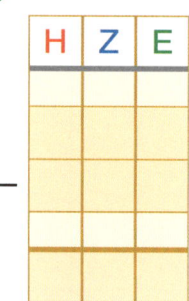

l) 472 − 187

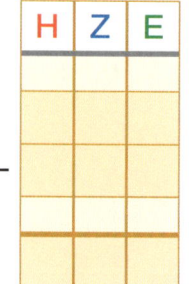

m) 578 − 389

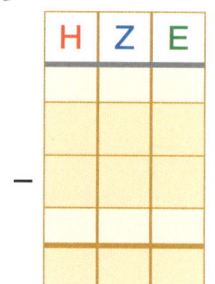

n) 746 − 378

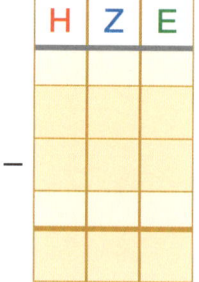

137   186   258   287   376   478   687

169   189   285   368   378   585

Schriftliche Subtraktion

Schriftliches Subtrahieren üben

1 Löse die Aufgaben. Male die Felder mit den Ergebniszahlen aus.

a)

```
  3 5 6        7 9 8        4 9 7        5 4 8        5 4 7
- 2 4 3      - 2 2 5      - 3 5 2      - 2 3 6      - 2 3 6
─────────    ─────────    ─────────    ─────────    ─────────
  1 1 3
```

b)

```
  8 7 6        7 4 6        5 3 6        9 2 7        4 3 3
- 3 5 9      - 5 2 9      - 2 1 8      - 6 1 8      - 2 1 5
─────────    ─────────    ─────────    ─────────    ─────────
```

c)

```
  7 4 9        6 2 7        8 1 7        9 1 8        7 1 6
- 3 8 6      - 4 5 3      - 5 4 2      - 5 6 3      - 5 8 3
─────────    ─────────    ─────────    ─────────    ─────────
```

d)

```
  6 2 4        8 2 5        7 3 1        9 0 2        5 2 1
- 4 5 8      - 6 5 7      - 4 8 5      - 5 7 6      - 3 7 8
─────────    ─────────    ─────────    ─────────    ─────────
```

1000	623	319	409	516	91	245	351
326 246		573	111 211	12	673	73	173
275 311				401		219	
171 217		183	294	145		318	180
421 166		309 355	359		444	113	
		409 99		218	617		
249 363		498 247			144	133	296
527 312	583 619	517 174		168			518 143
			172				191
361 146	175 456	290	186	354	63	413	351
	222						

Die eigene Rechnung überprüfen

1 Berechne erst eine Aufgabe. Suche dann die passende Umkehraufgabe. Umkreise die passenden Aufgaben in der gleichen Farbe. Berechne dann die Umkehraufgabe.

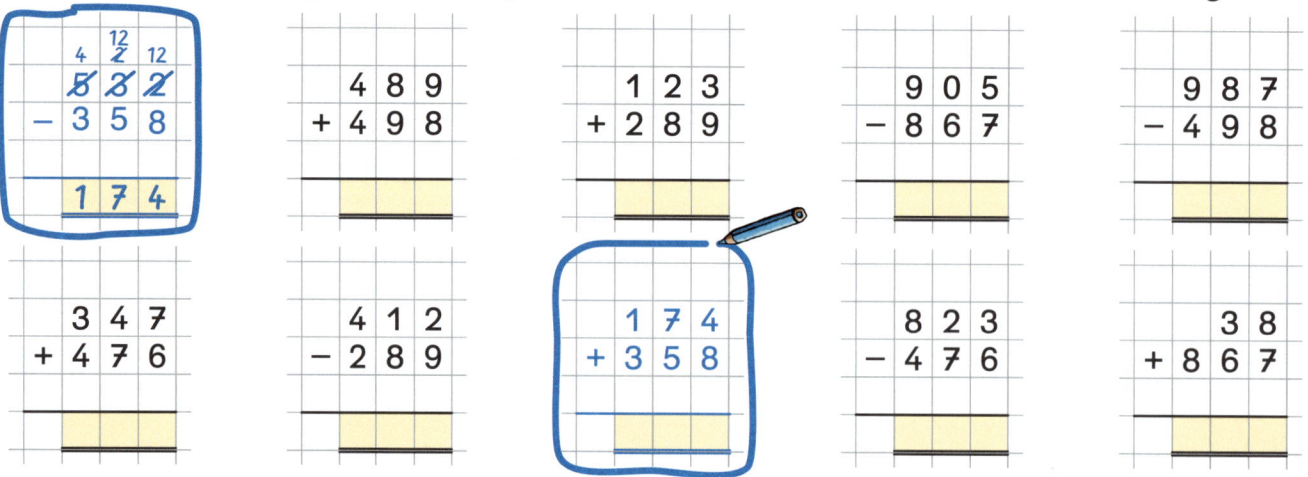

2 Verbinde jede schriftliche Rechnung mit der passenden Überschlagsrechnung. Rechne dann alle Aufgaben aus.

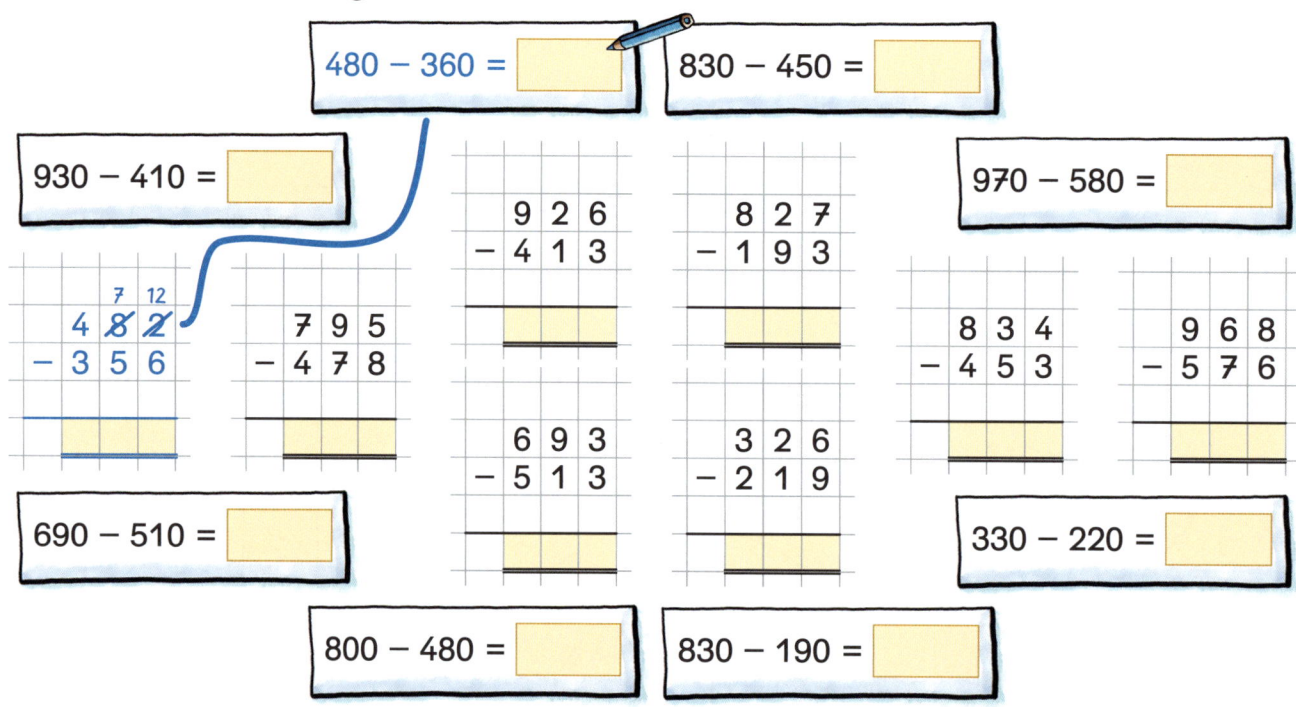

3 Umkreise die Aufgaben blau, bei denen du einmal tauschen musst oder nur einen Übertrag hast. Umkreise die Aufgaben gelb, bei denen du zweimal tauschen musst oder zwei Überträge hast. Rechne dann. Die Ergebnisse findest du im Stern.

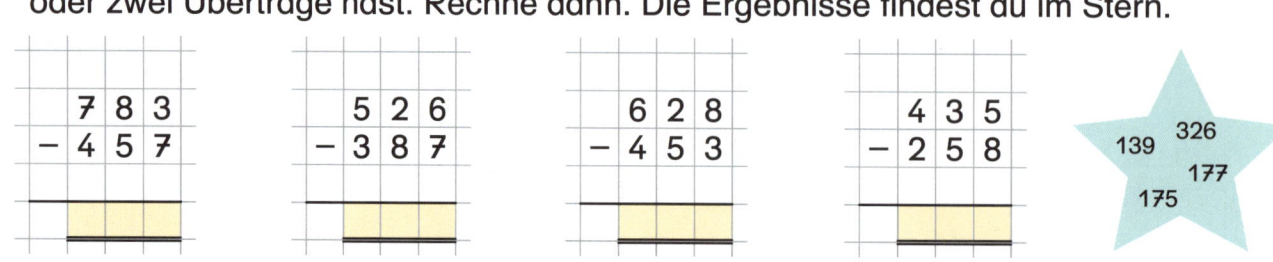

Mit Sachsituationen umgehen

1 Bestimme zuerst die fehlenden Mitgliederzahlen der Vereine in Rotfelden. Berechne dann die Unterschiede zwischen den Mitgliederzahlen.

	Sportverein	Musikverein	Tennisverein
Jugendliche		157	159
Erwachsene	479	316	
insgesamt	861		387
Unterschiede:			

2 Am Ende der Woche erstellt der Hausmeister der Schule in Blautal eine Übersicht zum Getränkeverbrauch. Ergänze.

	🍾	🍾	🍾	🍾	insgesamt
Lieferung am Montag	250	225	175		750
Verkauf während der Woche		198		87	
Bestand am Wochenende	21		78		

3 Der Pförtner des Blautaler Museums zählt die Besucher. Jeden Abend zeichnet er ein Schaubild. Bestimme die Besucherzahlen für jeden Tag und für die ganze Woche.

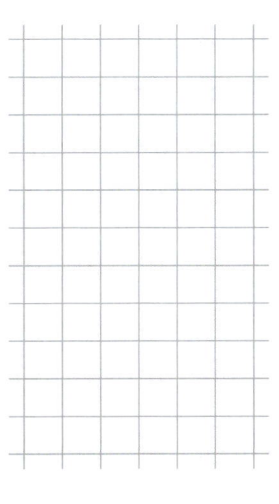

Dienstag:	☥ ☥ ☥ ☥ ⦀	**173**
Mittwoch:	☥ ☥ ☥ ☥ ⦙⦙	
Donnerstag:	☥ ☥ ☥ ⦀⦀	
Freitag:	☥ ☥ ⦀⦀⦀⦀⦀	
Samstag:	☥ ☥ ☥ ☥ ⦙	
Sonntag:	☥ ☥ ⦀⦀⦀⦀	
Gesamte Woche		

Geldbeträge unterschiedlich zusammenstellen

1 Zeichne Geldscheine so, dass sich der genannte Betrag ergibt.

a) 500 €

100 €		

b) 500 €

c) 400 €

d) 400 €

e) 250 €

f) 250 €

g) 300 €

h) 180 €

2 Ergänze zu 1 000 Euro. Schreibe die Ergänzungsaufgabe auf.

a)

200 €	100 €

| 700 | € + | 300 | € = 1 000 €

b)

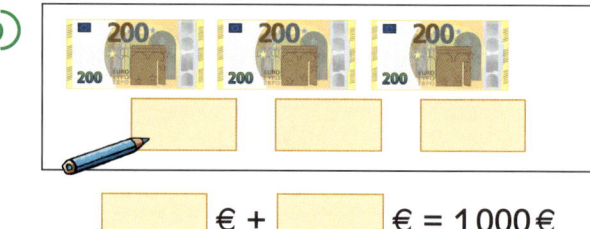

| | € + | | € = 1 000 €

c)

| | € + | | € = 1 000 €

d)

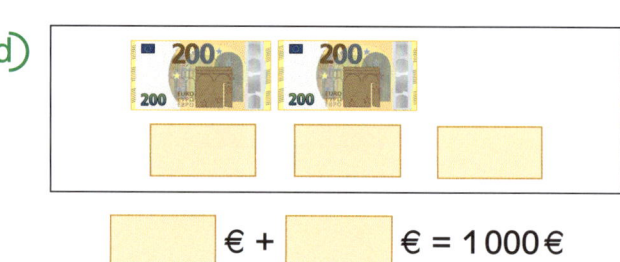

| | € + | | € = 1 000 €

3 Finde verschiedene Möglichkeiten, wie du 700 Euro bezahlen kannst.

200	100	50	20	10	5
3	1	–	–	–	–

Geldbeträge unterschiedlich notieren

1 Fülle die Tabelle aus.

€	€	ct	ct
2,38	2	38	238
8,07			
9,00			
	5	16	
			704
0,09			
	1	1	
			1000
	0	17	

2 Verbinde passend.

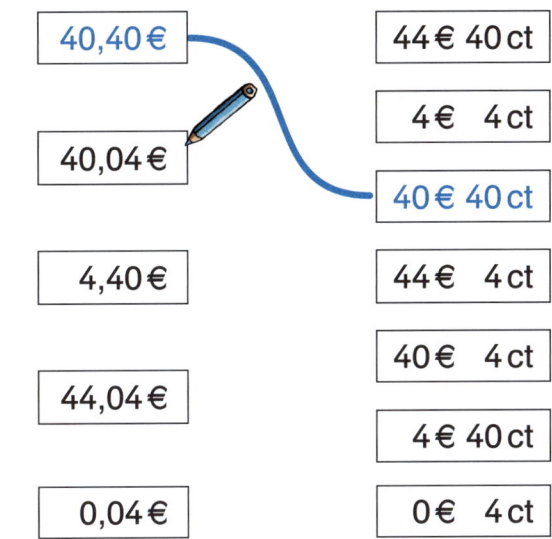

40,40 €	44 € 40 ct
	4 € 4 ct
40,04 €	40 € 40 ct
4,40 €	44 € 4 ct
	40 € 4 ct
44,04 €	4 € 40 ct
0,04 €	0 € 4 ct

3 Male Preisschilder mit dem gleichen Betrag in der gleichen Farbe aus.
Immer drei Schilder gehören zusammen.

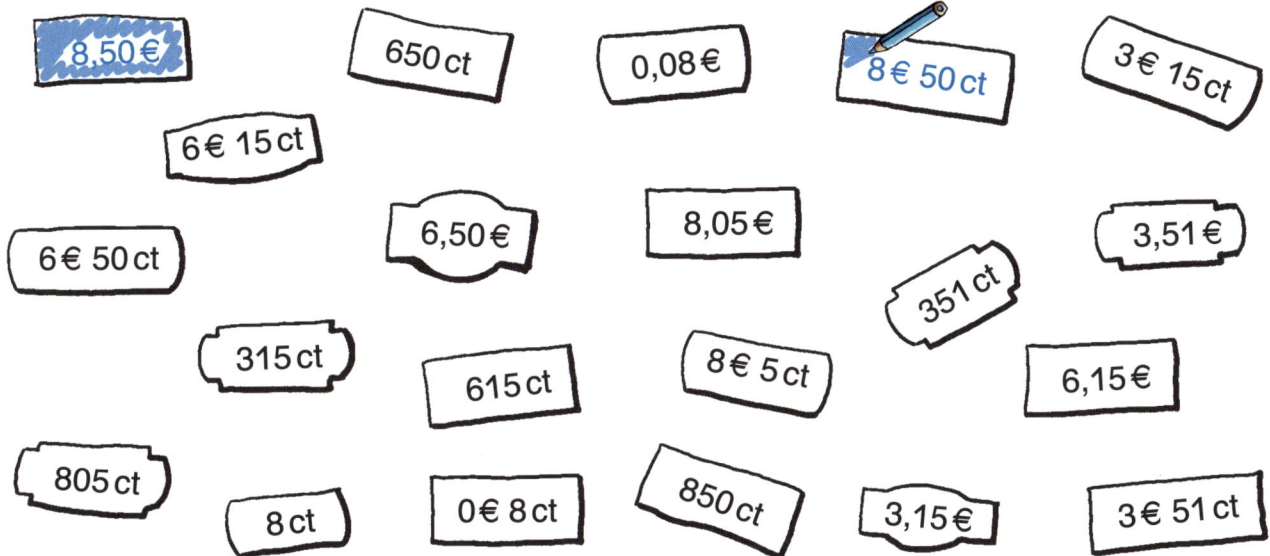

8,50 €   650 ct   0,08 €   8 € 50 ct   3 € 15 ct

6 € 15 ct

6 € 50 ct   6,50 €   8,05 €   3,51 €

351 ct

315 ct   615 ct   8 € 5 ct   6,15 €

805 ct   8 ct   0 € 8 ct   850 ct   3,15 €   3 € 51 ct

4 Schreibe mit Komma.

a)
8 € 1 ct = 8,01 €
81 ct = ___ €
81 € 10 ct = ___ €
8 € 10 ct = ___ €
8 € 11 ct = ___ €

b)
50 € 0 ct = ___ €
50 € 5 ct = ___ €
5 € 5 ct = ___ €
5 ct = ___ €
50 ct = ___ €

c)
4 € 3 ct = ___ €
43 ct = ___ €
4 € 30 ct = ___ €
40 € 3 ct = ___ €
34 ct = ___ €

Ereignisse in Rechenschritte übertragen

1 Trage die fehlenden Beträge ein.

a) Rechne im Kopf.

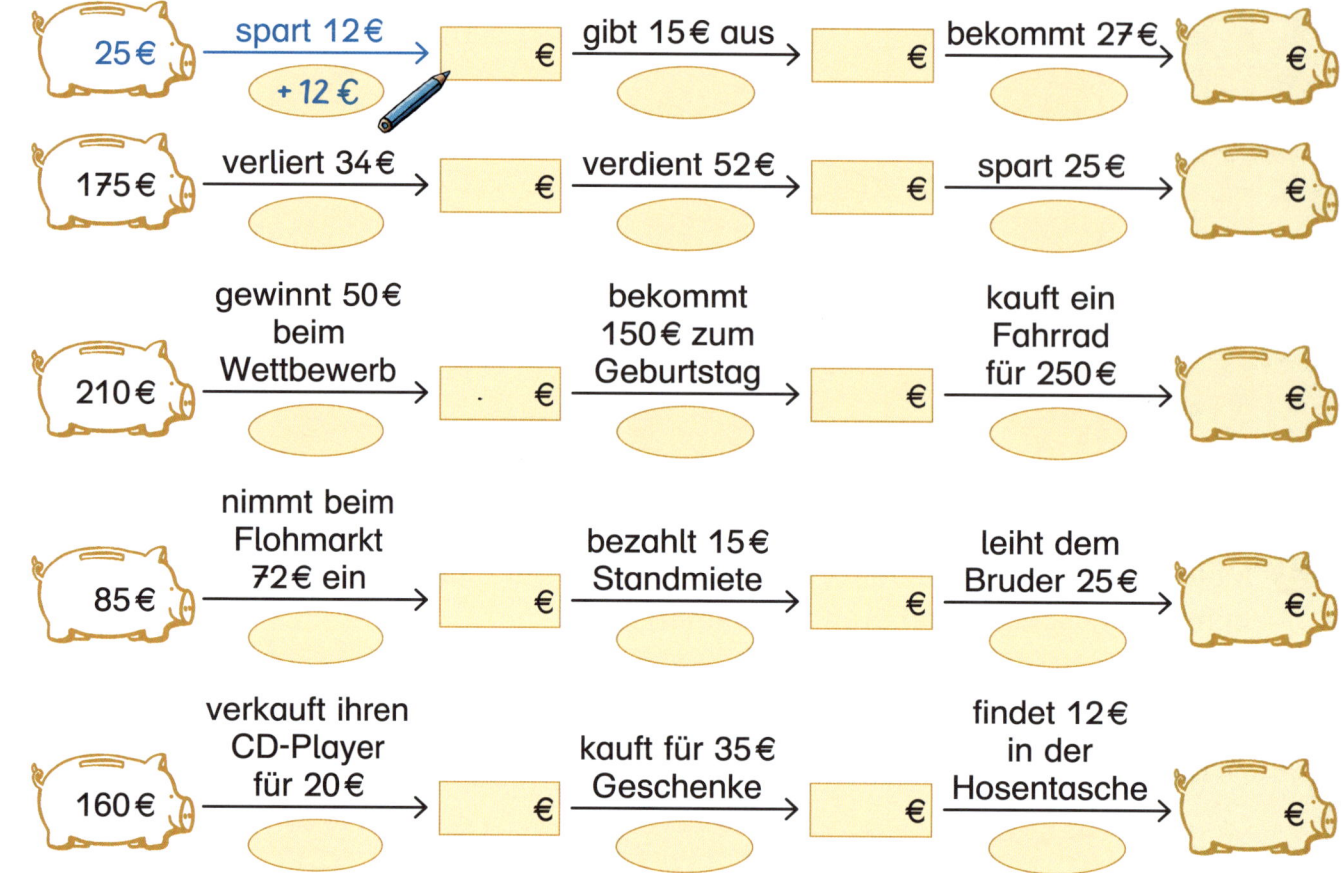

	spart 12 €		gibt 15 € aus		bekommt 27 €	
25 €	+12 €	€		€		€
175 €	verliert 34 €	€	verdient 52 €	€	spart 25 €	€
210 €	gewinnt 50 € beim Wettbewerb	€	bekommt 150 € zum Geburtstag	€	kauft ein Fahrrad für 250 €	€
85 €	nimmt beim Flohmarkt 72 € ein	€	bezahlt 15 € Standmiete	€	leiht dem Bruder 25 €	€
160 €	verkauft ihren CD-Player für 20 €	€	kauft für 35 € Geschenke	€	findet 12 € in der Hosentasche	€

b) Rechne schriftlich.

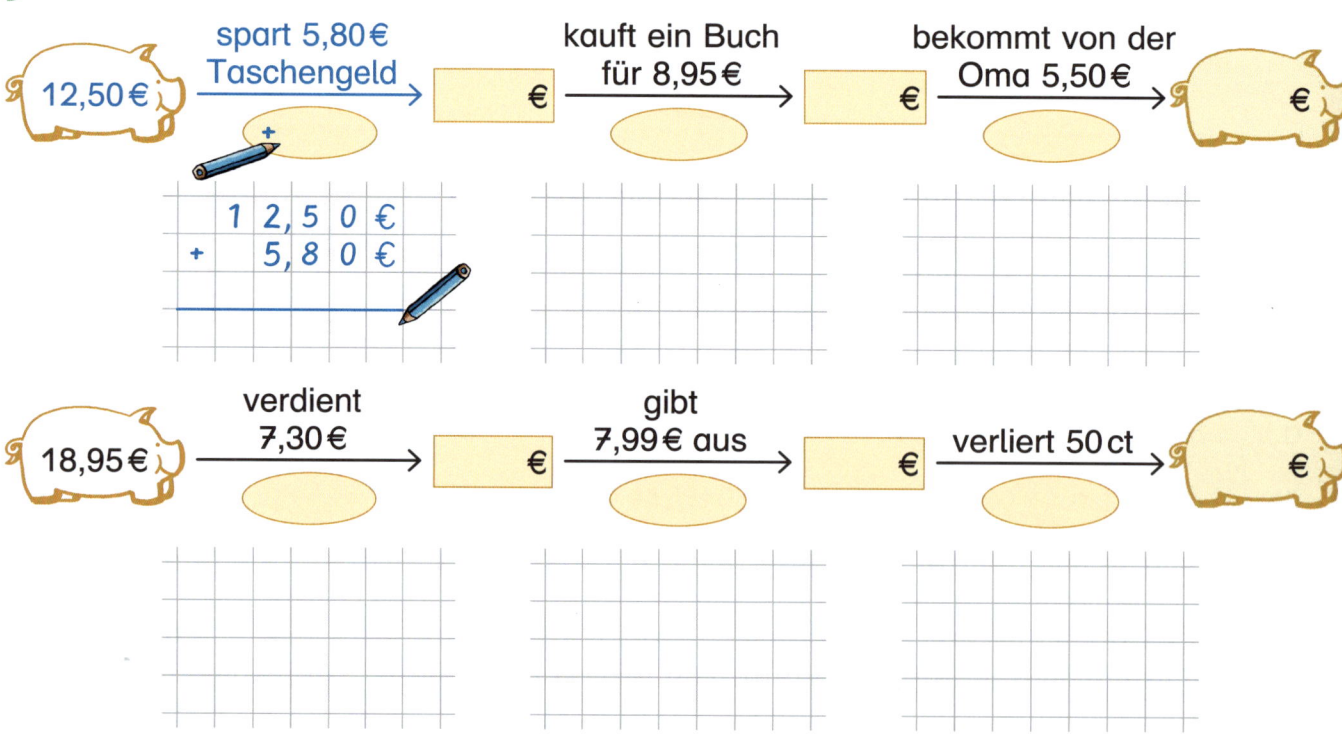

	spart 5,80 € Taschengeld		kauft ein Buch für 8,95 €		bekommt von der Oma 5,50 €	
12,50 €	+	€		€		€

```
    1 2,5 0 €
  +   5,8 0 €
```

	verdient 7,30 €		gibt 7,99 € aus		verliert 50 ct	
18,95 €		€		€		€

Größenbereich Geld

Multiplikation und Division mit Zehnerzahlen üben

1 Beginne in jeder Zeile mit dem Ergebnis der vorherigen Zeile.

a) 360 : 40 = [9]
[9] · 60 = [ ]
[ ] : 2 = [ ]
[ ] : 30 = [ ]
[ ] · 50 = [ ]
[ ] : 90 = [ ]
[ ] · 70 = [ ]
[ ] : 5 = 70

b) 400 : 80 = [ ]
[ ] · 60 = [ ]
[ ] : 10 = [ ]
[ ] · 8 = [ ]
[ ] · 2 = [ ]
[ ] : 80 = [ ]
[ ] · 90 = [ ]
[ ] : 6 = 90

c) 630 : 7 = [ ]
[ ] : 3 = [ ]
[ ] · 4 = [ ]
[ ] : 60 = [ ]
[ ] · 80 = [ ]
[ ] · 2 = [ ]
[ ] : 40 = [ ]
[ ] · 70 = 560

2 Fülle die Tabelle aus.

A	30	80	60	100	40	60	70	90	100
B	5	4					7		
A mal B	150		120		320			270	
A geteilt durch B				20		20			10

3 Berechne und trage ein.

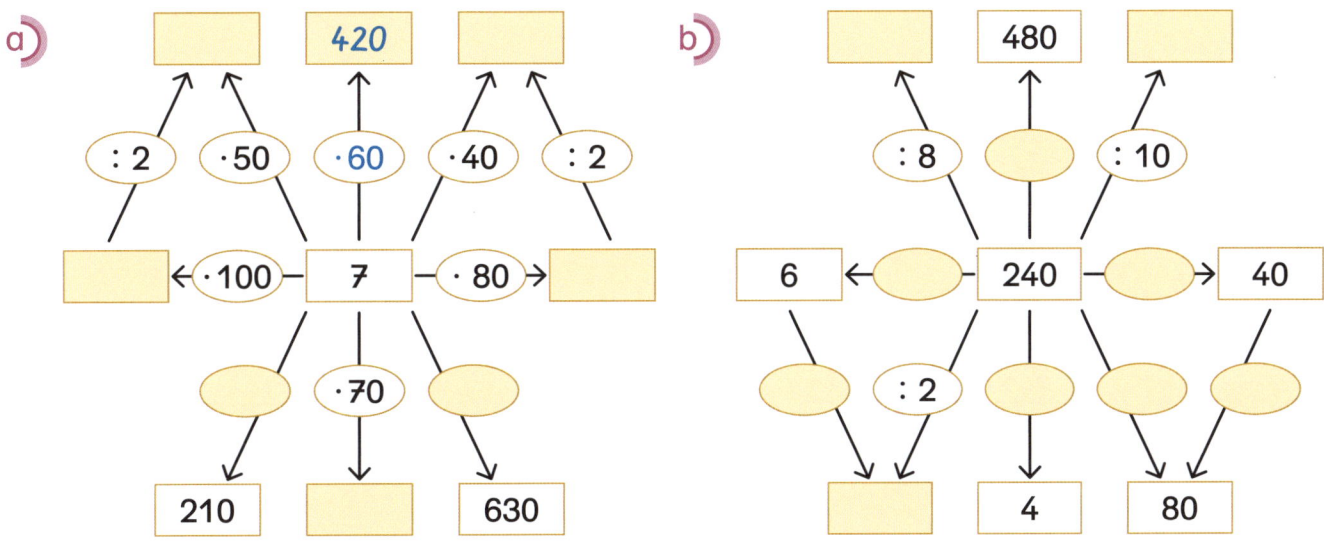

4 Entwickle selbst einen Rechenplan wie in Aufgabe ③.

Zweistellige Zahlen in Schritten multiplizieren

1 Löse die Aufgaben. Notiere deinen Rechenweg.

6 · 5 4 =   7 · 6 8 =   3 · 7 4 =

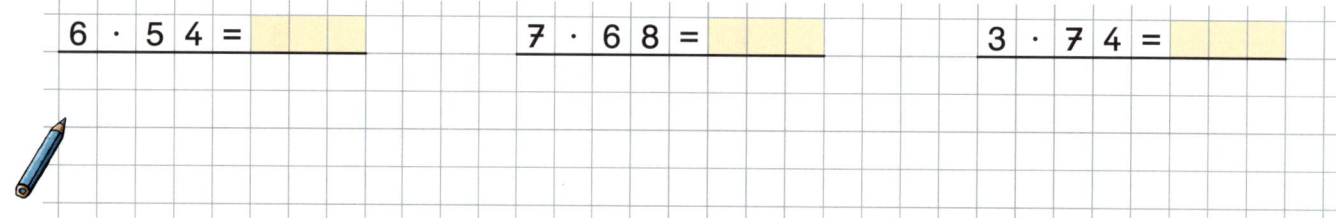

2 Löse die Aufgaben. Was stellst du fest?

a) 2 · 8 4 =   4 · 4 2 =   8 · 2 1 =

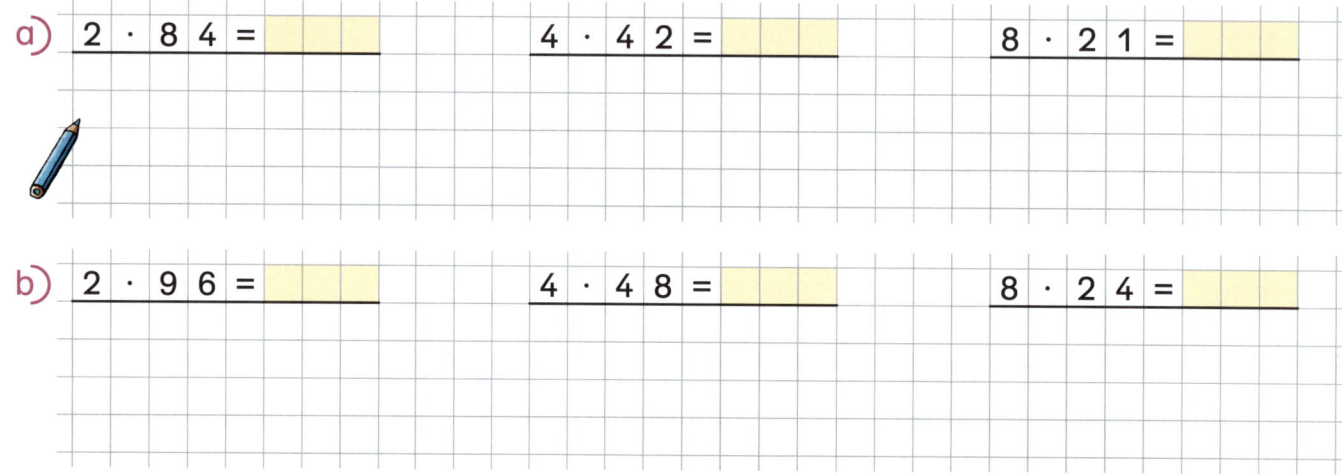

b) 2 · 9 6 =   4 · 4 8 =   8 · 2 4 =

3 Ergänze die Aufgabenreihen nach dem Muster in Aufgabe **2**.

a) 2 · 8 8 =   4 · 4 __ =   8 · 2 __ =

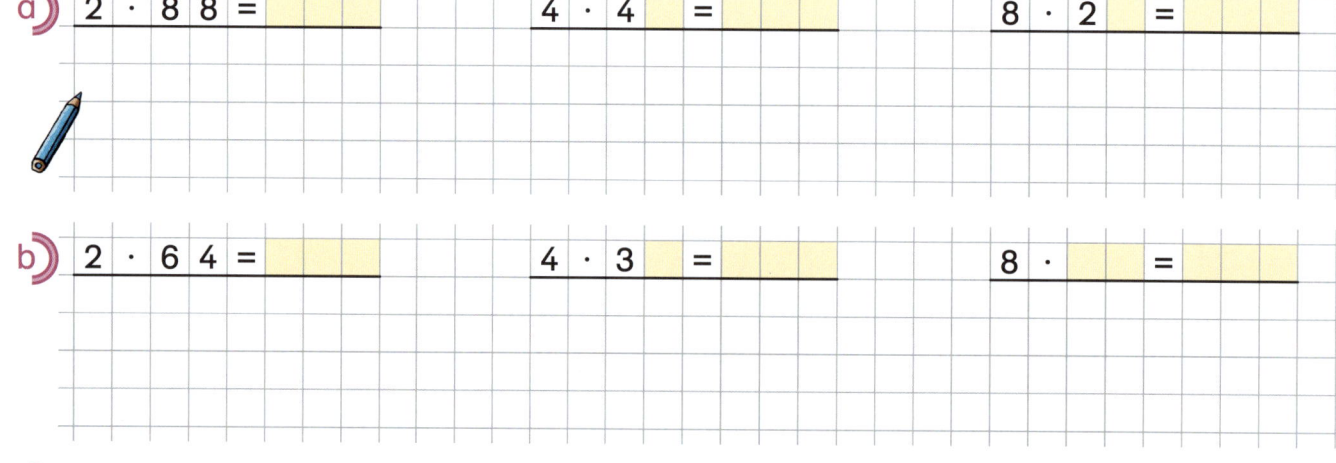

b) 2 · 6 4 =   4 · 3 __ =   8 · __ =

c) Finde selbst eine Aufgabenreihe.

Große Zahlen in Schritten dividieren

1 Löse die Aufgaben. Notiere deinen Rechenweg.

$3\ 2\ 8 : 4 =$ ☐

$3\ 2\ 0 : 4 = 8\ 0$

$8 : 4 = 2$

$5\ 8\ 8 : 7 =$ ☐

$3\ 6\ 5 : 5 =$ ☐

2 Löse die Aufgaben. Was stellst du fest?

a) $5\ 4 : 2 =$ ☐

$1\ 0\ 8 : 4 =$ ☐

$2\ 1\ 6 : 8 =$ ☐

b) $1\ 0\ 5 : 3 =$ ☐

$2\ 1\ 0 : 6 =$ ☐

$3\ 1\ 5 : 9 =$ ☐

3 Löse die Aufgaben. Was stellst du fest?

a) $2\ 2\ 4 : 2 =$ ☐

$2\ 2\ 4 : 4 =$ ☐

$2\ 2\ 4 : 8 =$ ☐

b) $3\ 7\ 8 : 3 =$ ☐

$3\ 7\ 8 : 6 =$ ☐

$3\ 7\ 8 : 9 =$ ☐

4 Suche und ergänze die passenden Teilaufgaben.
Male die Kärtchen jeweils in der gleichen Farbe aus.

$512 : 8 = 64$	$291 : 3 = $ ☐	$258 : 6 = $ ☐	$675 : 9 = $ ☐	$198 : 3 = $ ☐
$270 : 3 = $ ☐	$180 : 3 = $ ☐	$630 : 9 = $ ☐	$240 : 6 = $ ☐	$480 : 8 = 60$
$45 : 9 = $ ☐	$21 : 3 = $ ☐	$32 : 8 = 4$	$18 : 3 = $ ☐	$18 : 6 = $ ☐

Multiplikation und Division üben

1 Löse die Aufgaben. Kontrolliere mit der Umkehraufgabe.

a) $\boxed{6\ 0\ 2}:\boxed{7}=\boxed{}$

b) $\boxed{3\ 9\ 0}:\boxed{6}=\boxed{}$

c) $\boxed{6\ 6\ 6}:\boxed{9}=\boxed{}$

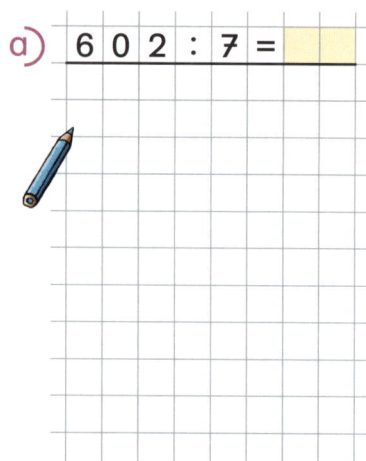

2 Finde die Fehler. Korrigiere sie.

$82 \cdot 7 = \cancel{504}\ 574$	$78 \cdot 4 = 212$	$49 \cdot 8 = 408$
$80 \cdot 7 = \cancel{490}\ 560$	$70 \cdot 4 = 280$	$50 \cdot 8 = 400$
$2 \cdot 7 = 14$	$8 \cdot 4 = 32$	$400 + 8 = 408$

3 Löse die Zahlenrätsel.

Meine Zahl erhältst du, wenn du 5 und 25 multiplizierst.

Meine Zahl erhältst du, wenn du 368 durch 8 dividierst.

Wenn du meine Zahl durch 9 dividierst, erhältst du 36.

4 Schreibe selbst zwei Zahlenrätsel. Lass sie von einem anderen Kind lösen.

Passende Gewichtsangaben finden – Beziehungen darstellen

1 Kreise in jeder Zeile das passende Gewicht ein.

Gegenstand	Gewicht				
1 Packung Mehl	200 g	1000 g	100 g	5 kg	500 g
1 Tafel Schokolade	1 kg	250 g	500 g	100 g	3 kg
1 Packung Butter	250 g	500 g	100 g	1 kg	750 g
1 Arbeitsblatt	10 g	5 g	100 g	80 g	1 kg
1 Teebeutel	100 g	10 g	2 g	80 g	50 g
1 Sack Kartoffeln	500 g	150 g	750 g	1000 g	5 kg
1 Gummibärchen	100 g	10 g	2 g	200 g	50 g
1 Becher Sahne	100 g	50 g	750 g	200 g	500 g
1 Fußball	100 g	400 g	1 kg	800 g	2 kg
1 Tennisball	100 g	60 g	500 g	1 kg	200 g

> Mein Zauberstab ist leichter als dein Mäppchen.

2 Ergänze die folgenden Aussagen.

_____ ist schwerer als _____ .

_____ ist leichter als _____ .

_____ ist ungefähr doppelt so schwer wie _____ .

_____ ist ungefähr halb so schwer wie _____ .

_____ wiegt ungefähr das Zehnfache von _____ .

_____ wiegt ungefähr ein Viertel von _____ .

3 Trage in die Pfeilbilder passende Gegenstände ein.

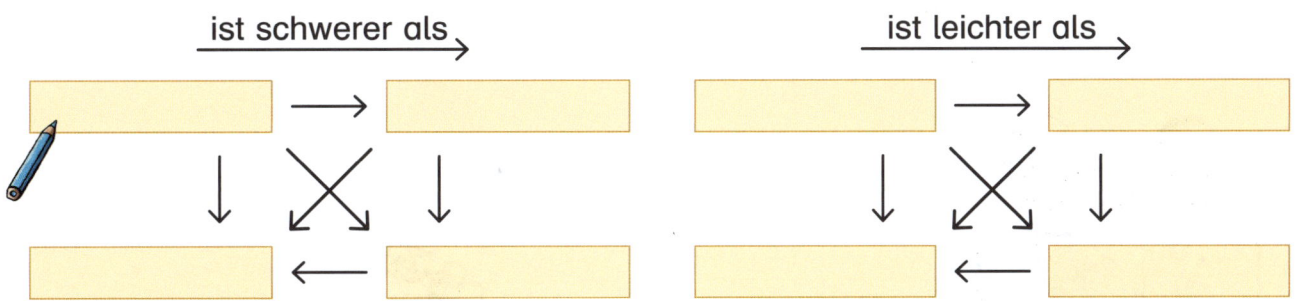

Gewichte ermitteln – passende Gegenstände zuordnen

1 Zum Wiegen der Lebensmittel wurden jeweils
die angegebenen Gewichtsstücke verwendet.

Berechne das Gewicht und trage es mit der passenden Einheit ein.

650 g

2 Schreibe oder zeichne zum jeweiligen Gewicht
passende Lebensmittel oder Gegenstände.

Längenangaben in andere Einheiten umwandeln

1 Schreibe auf verschiedene Arten.

a)

3 m 17 cm				9 m 8 cm	
317 cm	893 cm				67 cm
3,17 m		0,72 m			

b)

7,05 m				9,99 m	
7 m 5 cm	7 m 97 cm				
705 cm		47 cm			1 001 cm

c)

0,8 cm		0,5 cm			
8 mm	47 mm			11 mm	
0 cm 8 mm					3 cm 6 mm

2 Ergänze.

1 cm	
5 mm	5 mm
	9 mm
	0,7 cm
0,4 cm	
0,9 cm	

1 m	
26 cm	
	7 cm
0,3 m	
	0,5 m
0,04 m	

1 km	
923 m	
	87 m
534 m	
	287 m
999,50 m	

3 Male die Angaben zu den gleichen Längen in der gleichen Farbe aus.
Immer drei Kärtchen gehören zusammen.

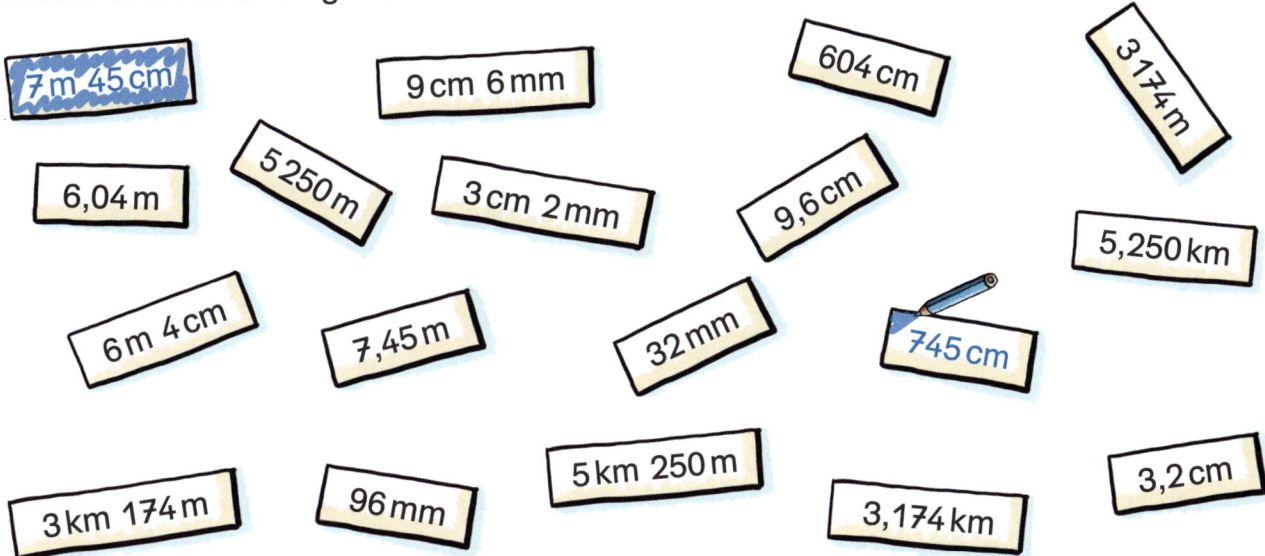

7 m 45 cm · 9 cm 6 mm · 604 cm · 3174 m · 6,04 m · 5 250 m · 3 cm 2 mm · 9,6 cm · 5,250 km · 6 m 4 cm · 7,45 m · 32 mm · 745 cm · 5 km 250 m · 96 mm · 3 km 174 m · 3,174 km · 3,2 cm

Körperwachstum festhalten und darstellen

1 Herr Wagner hat mehrmals die Körpergröße seines Sohnes Jan gemessen und notiert. Jan ist im Oktober 2001 geboren.

Beantworte die folgenden Fragen.

a) Wie viel cm ist Jan im ersten Lebensjahr gewachsen? _____

b) Wie viel cm ist er von Oktober 2005 bis Dezember 2012 gewachsen? _____

c) Wie viel cm ist er von Februar 2009 bis Oktober 2015 gewachsen? _____

Oktober	2001	52 cm
September	2002:	77 cm
Oktober	2005:	1,07 m
Februar	2009:	1,32 m
Dezember	2012:	1,56 m
Dezember	2014:	1,71 m
Oktober	2015:	1,80 m

2 Herr Wagner hat Jans Wachstum in ein Diagramm übertragen.

a) Setze das Säulendiagramm fort. b) Verbinde nacheinander die Spitzen der Säulen.

c) Betrachte die Verbindungslinien.
In welchem Zeitabschnitt ist Jan am schnellsten gewachsen?

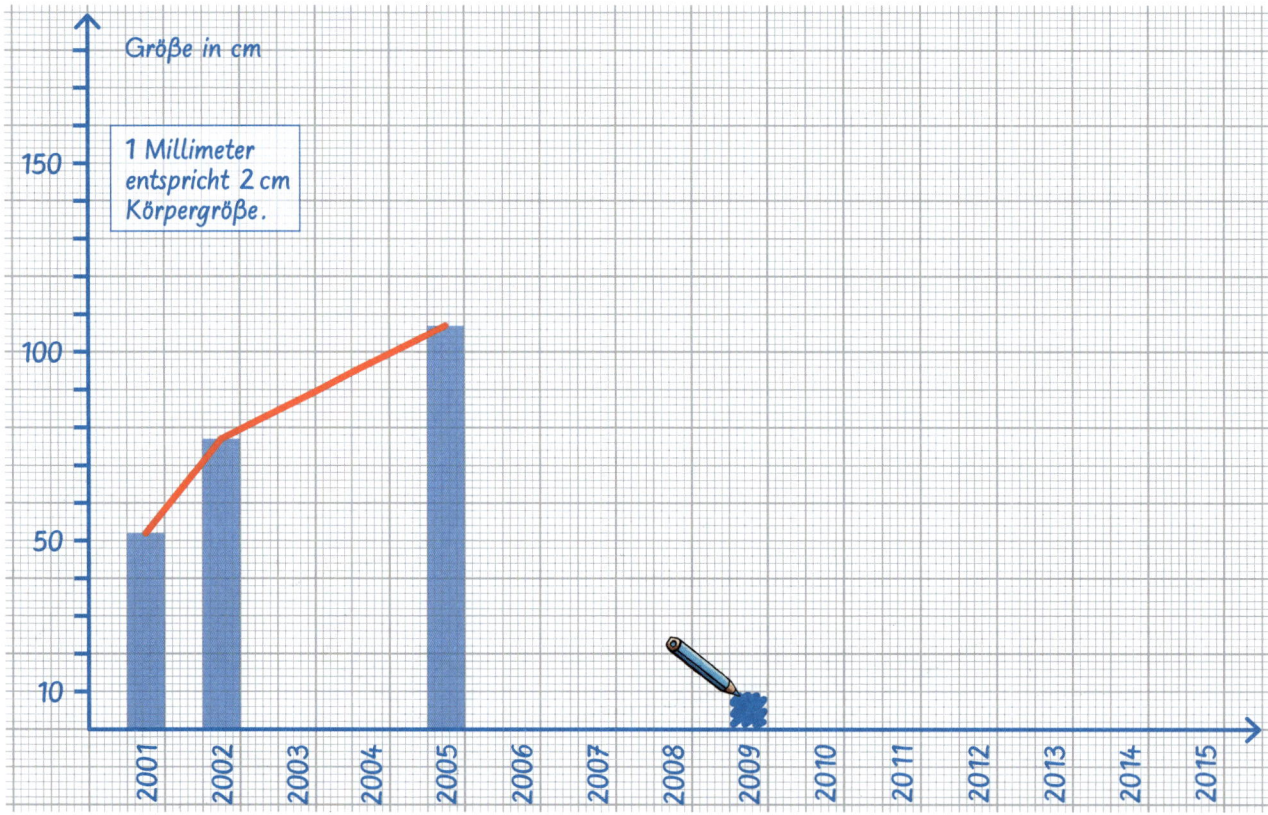

3 Frage deine Eltern, ob es über die Entwicklung deiner Körpergröße Unterlagen gibt (zum Beispiel im Vorsorgeuntersuchungsheft). Du kannst die Entwicklung deiner Körpergröße in einem Säulendiagramm wie bei Aufgabe **2** darstellen.

Körperformen, Namen und Eigenschaften verbinden

1 Male die Körper entsprechend der Farbe ihrer Namenskärtchen aus.

Quader   Würfel   Zylinder   Pyramide   Kegel

a)

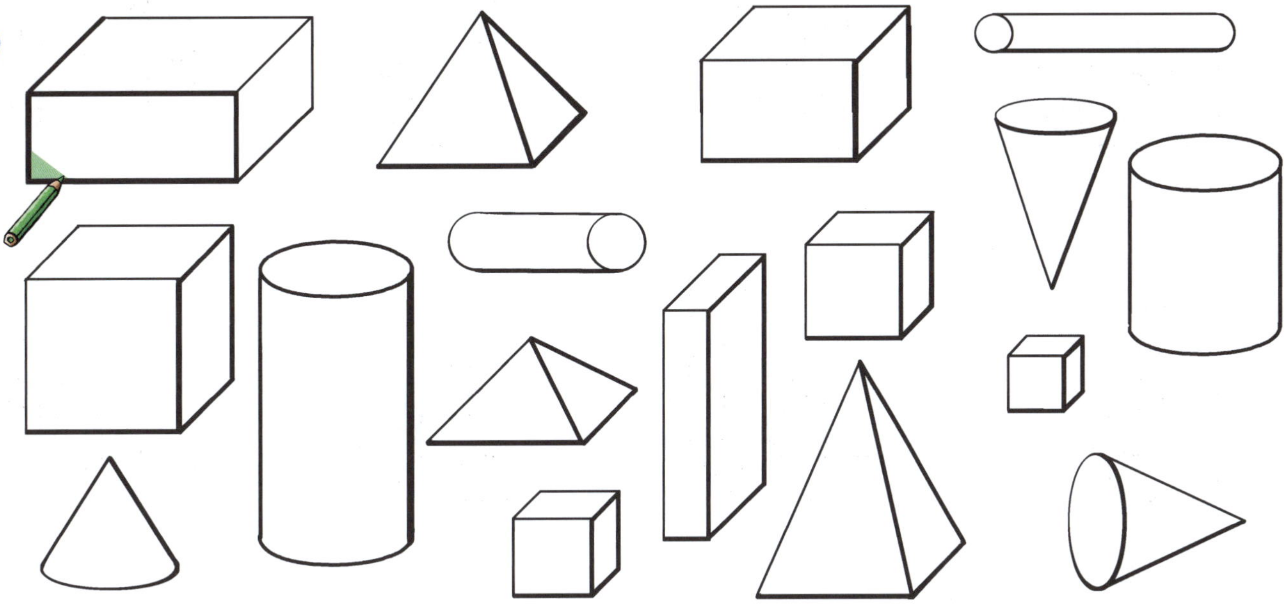

b)

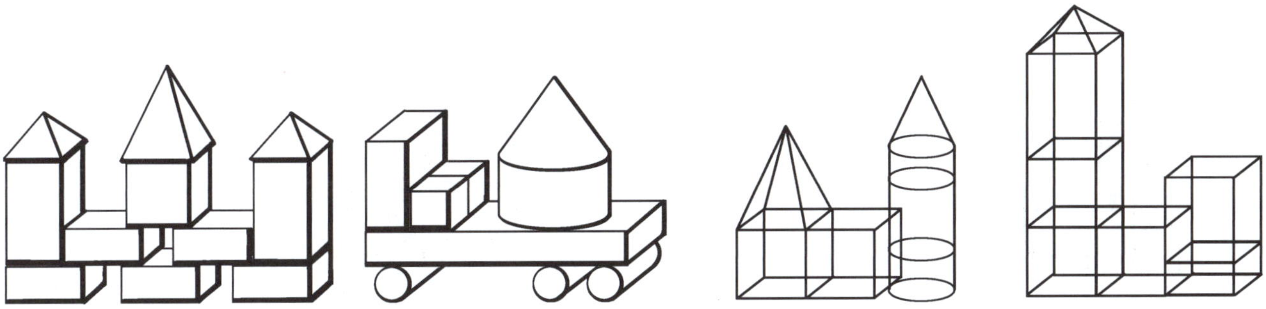

2 Umkreise in der gleichen Farbe, was zueinanderpasst.

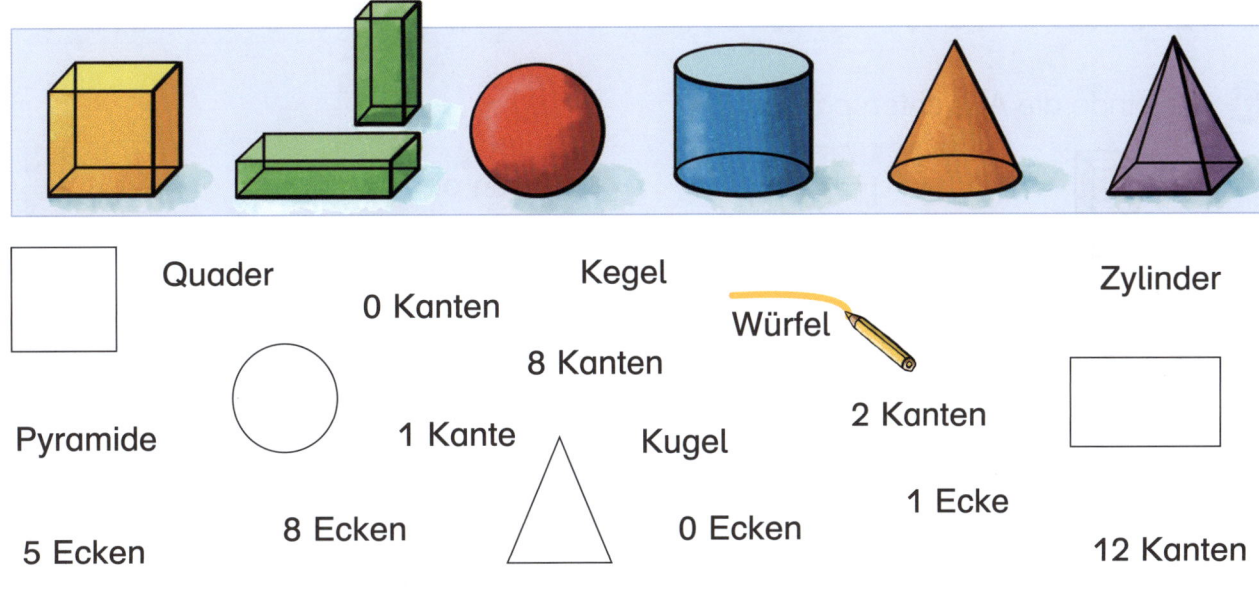

Quader   Kegel   Zylinder

0 Kanten

Würfel

8 Kanten

2 Kanten

Pyramide   1 Kante   Kugel

1 Ecke

5 Ecken   8 Ecken   0 Ecken

12 Kanten

Würfelbauten untersuchen

1 Trage ein, aus wie vielen Würfeln die Würfelbauten bestehen.

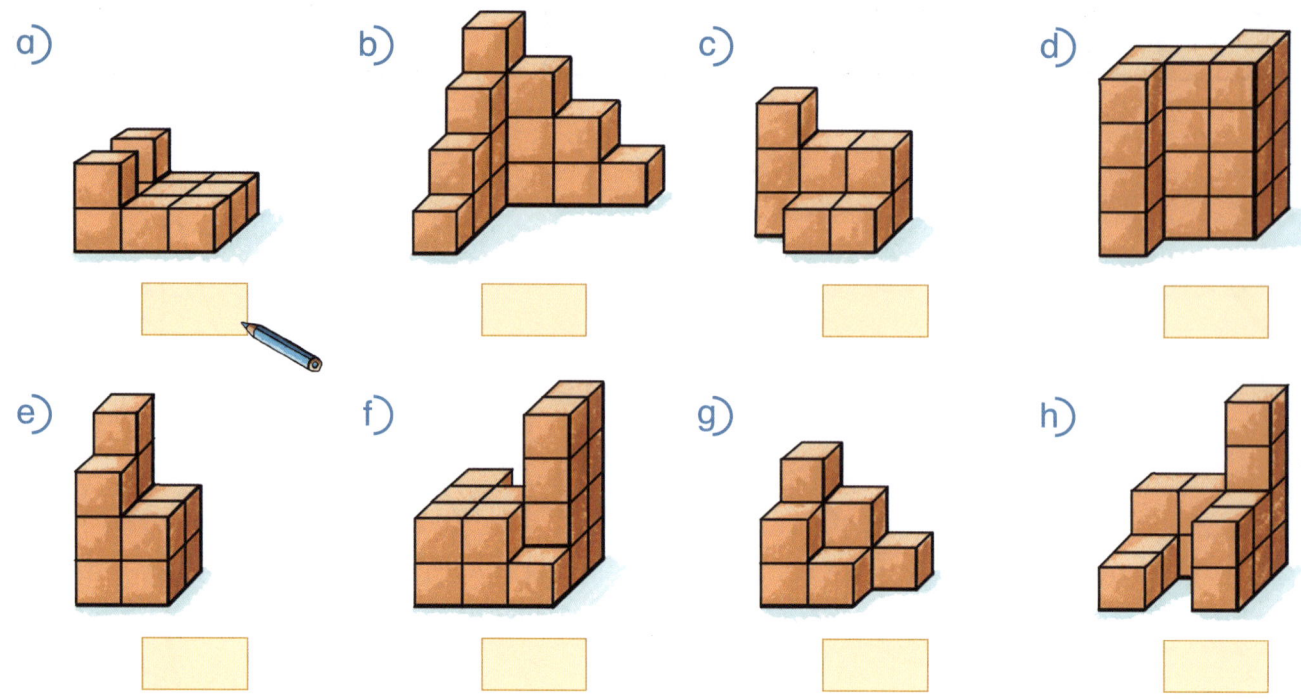

a)

b)

c)

d)

e)

f)

g)

h)

2 Umkreise den zum Würfelgebäude passenden Bauplan.

a)

4	2	3
3	2	1
2	0	0

4	2	3
3	2	1
1	0	0

5	2	3
3	2	1
1	0	0

b)

3	3	2
3	3	2
3	3	1

3	3	0
3	3	1
3	3	2

3	3	2
3	3	1
3	3	0

3 Verbinde die Ansichten passend.

von oben

von rechts

von vorne

von hinten

von unten

von links

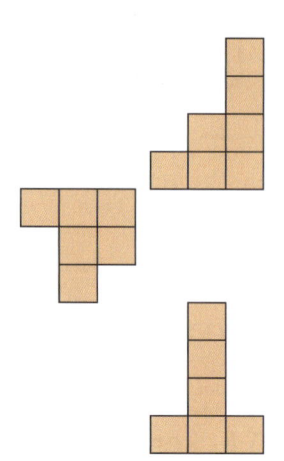

Die passende Skizze und alle Möglichkeiten finden

1 Alle Möglichkeiten bestimmen

a) Kreuze zunächst das passende Baumdiagramm an und bestimme dann die Anzahl der Möglichkeiten.

Es gibt verschiedenfarbiges Geschirr.

Teller: rot und blau
Untertassen: gelb und orange
Tassen: lila und grün

Wie viele Möglichkeiten gibt es, ein buntes Gedeck aus Teller, Untertasse und Tasse zusammenzustellen?

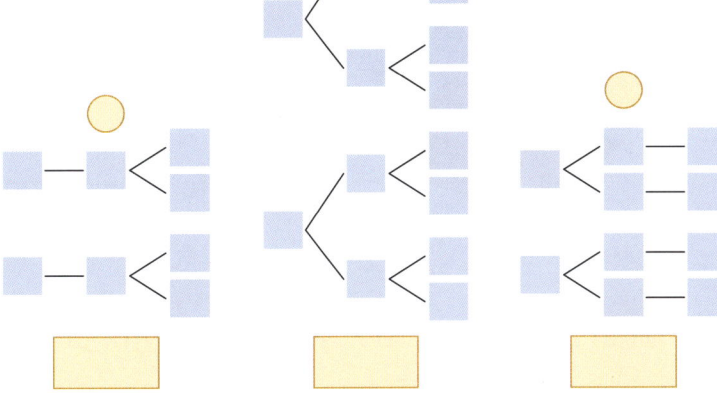

Möglichkeiten   Möglichkeiten   Möglichkeiten

b) Stelle alle Möglichkeiten dar.

2 Im Sportunterricht werden vier Gruppen A, B, C und D gebildet.
Die Klasse veranstaltet ein kleines Fußballturnier, bei dem alle Gruppen nur einmal gegeneinander spielen sollen.

a) Wähle die passende Skizze aus und bestimme die Anzahl der Spiele.

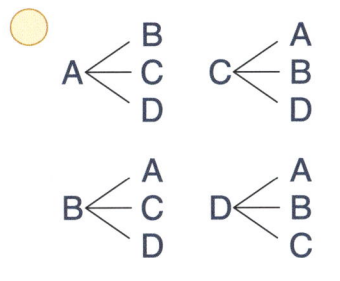

	A	B	C	D
A		×	×	×
B	×		×	×
C	×	×		×
D	×	×	×	

Spiele

A ← B, C, D   C ← A, B, D

B ← A, C, D   D ← A, B, C

Spiele

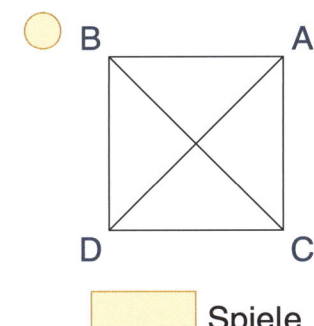

Spiele

b) Erkläre „den Fehler" in zwei der drei Skizzen.

_____

Glücksräder nach Gewinnchance gestalten

1 Kreuze die Aussagen an, die zu dem abgebildeten Glücksrad passen.

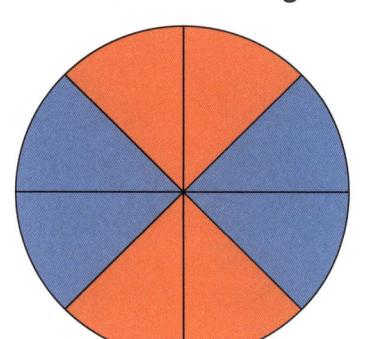

○ Es ist sicher, dass Rot gewinnt.

○ Es ist möglich, dass Rot gewinnt.

○ Es ist unmöglich, dass Rot gewinnt.

○ Es ist möglich, aber nicht sicher, dass Blau gewinnt.

○ Die Gewinnchancen für Rot sind höher als für Blau.

○ Die Gewinnchancen sind für Rot und Blau gleich gut.

2 Male die Glücksräder so an, dass Rot und Blau die gleichen Gewinnchancen haben.

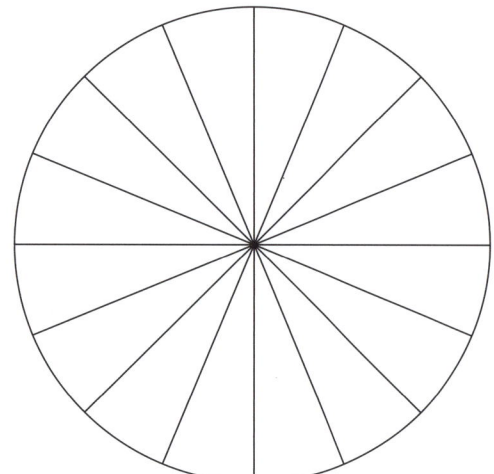
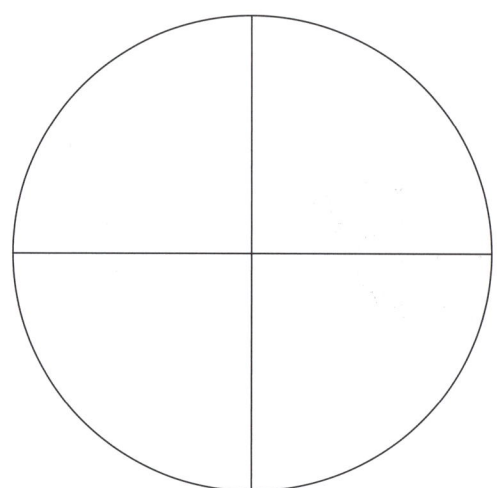

3 Male die Glücksräder so an, dass …

a) … die Gewinnchance für Rot doppelt so groß ist wie die für Blau.

b) … die Gewinnchance für Blau dreimal so groß ist wie die für Rot.

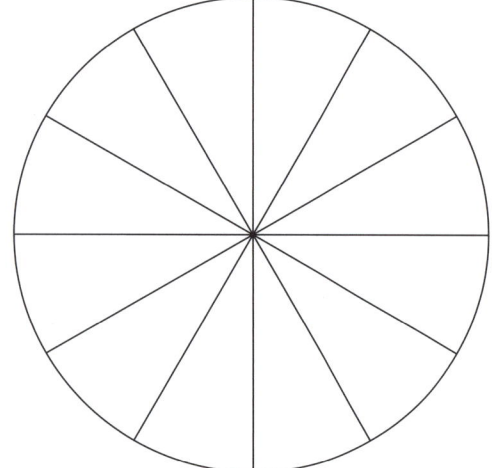
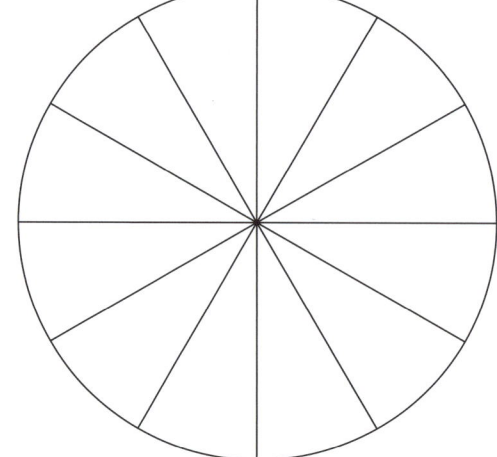

Daten, Häufigkeit, Wahrscheinlichkeit